COORDENAÇÃO EDITORIAL
Aline Cestaroli

ENCORAJANDO
PAIS Vol.2

© LITERARE BOOKS INTERNATIONAL LTDA, 2023.
Todos os direitos desta edição são reservados à Literare Books International Ltda.

PRESIDENTE
Mauricio Sita

VICE-PRESIDENTE
Alessandra Ksenhuck

DIRETORA EXECUTIVA
Julyana Rosa

DIRETORA DE PROJETOS
Gleide Santos

RELACIONAMENTO COM O CLIENTE
Claudia Pires

ASSISTENTE DE PROJETOS
Amanda Leite

EDITOR
Enrico Giglio de Oliveira

EDITOR JÚNIOR
Luis Gustavo da Silva Barboza

ASSISTENTE EDITORIAL
Gabriella Meister

REVISORES
Ivani Rezende e Sergio Nascimento

CAPA E DESIGN EDITORIAL
Lucas Yamauchi

Dados Internacionais de Catalogação na Publicação (CIP)
(eDOC BRASIL, Belo Horizonte/MG)

E56   Encorajando pais: a parentalidade encorajadora como peça fundamental no desenvolvimento humano / Coordenadora Aline Cestaroli. – São Paulo, SP: Literare Books International, 2023.
16 x 23 cm – (Encorajando Pais; v. 2)

Inclui bibliografia
ISBN 978-65-5922-490-6

1. Educação de crianças. 2. Pais e filhos. I. Cestaroli, Aline.
CDD 301.427

Elaborado por Maurício Amormino Júnior – CRB6/2422

LITERARE BOOKS INTERNATIONAL LTDA.
Alameda dos Guatás, 102 – Saúde, São Paulo, SP. CEP 04053-040.
+55 11 2659-0968 | www.literarebooks.com.br
contato@literarebooks.com.br

SUMÁRIO

5   PREFÁCIO
       Aline Cestaroli

7   É PRECISO UM OLHAR CUIDADOSO PARA AS RELAÇÕES SOCIAIS DE NOSSOS FILHOS ADOLESCENTES
       Adriana Rosa Silva

15   COMO A EDUCAÇÃO E PARENTALIDADE ENCORAJADORA® PODEM CONTRIBUIR COM A CONSTRUÇÃO DE UM MUNDO MELHOR?
       Aline Cestaroli

25   FAZER POR ELE OU COM ELE? A AUTONOMIA NECESSÁRIA PARA UM BOM DESENVOLVIMENTO
       Amanda Andrade

31   AUTOLESÃO NA ADOLESCÊNCIA: FATORES DE RISCO E PROTEÇÃO
       Cristiane Kinder

41   AUTONOMIA ESCOLAR: MENTES E CORAÇÕES CONECTADOS PARA ENCORAJAR AS CRIANÇAS A TEREM AUTONOMIA
       Cristina Martinez

49   MINHA FILHA É UMA ADOLESCENTE LGBTQIAP+. E AGORA?
       Elaine Carneiro Marques

57   É POSSÍVEL CRESCER SEM TRAUMAS?
       Fernanda Cañete Vebber

65   A PARENTALIDADE COMO INSTRUMENTO DE INIBIÇÃO DA ALIENAÇÃO PARENTAL
       Lila Cunha

75   A IMPORTÂNCIA DO BRINCAR COM AS CRIANÇAS, COM ÊNFASE NA FAMÍLIA
       Lindinalva Nascimento

81   O QUE A INTELIGÊNCIA EMOCIONAL TEM A VER COM A PARENTALIDADE ENCORAJADORA?
Luísa Gonçalves Santos

87   AMPLIANDO O ENCORAJAMENTO DOS PAIS PELA ARTETERAPIA
Marcia Mattos Santos Vieira

95   PARENTALIDADE CONSCIENTE E *MINDFULNESS* NA EDUCAÇÃO DOS FILHOS
Melina Valério

103   ACOLHER E ENCORAJAR, SIM! ROTULAR NÃO!
Michele Gameiro

113   A IMPORTÂNCIA DE UMA ROTINA ESTRUTURADA PARA O DESENVOLVIMENTO DA CRIANÇA
Patricia Rocha Busnardo

119   MEDO DA VULNERABILIDADE NA ADOLESCÊNCIA. QUAIS SÃO AS CONSEQUÊNCIAS?
Rosania Maria Inácio Ferreira

127   A ARTETERAPIA E O LÚDICO: A IMPORTÂNCIA NA PRIMEIRA INFÂNCIA
Rozana Silva

135   PAIS E FILHOS DIANTE DO ESPELHO: O IMPACTO DA PARENTALIDADE NA AUTOESTIMA
Solange Brígido

145   A ESCOLHA E O SUCESSO PROFISSIONAL COMEÇAM NA FAMÍLIA
Vanda Vieira Dias de Sá Lemos de Lima

PREFÁCIO

Um projeto feito a muitas mãos entrelaçadas por um mesmo propósito: contribuir com a construção de um mundo melhor por meio do encorajamento dos pais e educadores. Esse é o objetivo deste livro que você tem em mãos.

O programa Encorajando Pais® nasceu de forma despretensiosa, com o interesse genuíno de conseguir orientar melhor os pais das crianças e dos adolescentes que eu atendia no consultório. Em meu espaço, dia após dia, os pais chegavam com suas angústias e queixas em relação ao mau comportamento dos filhos e sensação de impotência e incapacidade por não saberem mais o que fazer para lidar com tantos desafios nesse processo de educar e formar um ser humano.

Conforme o tempo passava, comecei a perceber que a maioria das queixas eram muito semelhantes: "Só mudavam de endereço". Da minha parte, também senti que faltavam recursos para realizar um trabalho efetivo junto às famílias. O conhecimento que eu havia adquirido na graduação em Psicologia já estava obsoleto e não se aplicava mais à educação do século XXI.

Decidi buscar esses recursos e investir em atualizações. Entendi que era preciso estudar para educar e, logo, a educação parental se mostrou um terreno fértil, um caminho possível para encorajar os pais nessa desafiadora missão.

Em cada capítulo desta obra, você terá a oportunidade de olhar para a infância e a adolescência de maneira diferente, compreendendo o que está por trás dos desafios de comportamento e encontrando orientações de especialistas que são facilitadoras do programa Encorajando Pais e pautam seu trabalho em uma educação respeitosa e encorajadora.

Tem uma frase de Margaret Mead que diz: "Nunca duvide que um pequeno grupo de pessoas conscientes e engajadas possa mudar o mundo. De fato, sempre foi assim que o mundo mudou".

Que a leitura deste livro possa encorajar você a exercer uma influência positiva na vida de crianças e adolescentes, despertando todo o seu potencial para que se tornem adultos prósperos e felizes.

Com carinho,

Aline Cestaroli.

# 1

É PRECISO UM OLHAR CUIDADOSO PARA AS RELAÇÕES SOCIAIS DE NOSSOS FILHOS ADOLESCENTES

Partindo da concepção de adolescência como um processo do desenvolvimento marcado por mudanças físicas, psíquicas, emocionais e sociais, este capítulo traz reflexões importantes sobre as relações sociais estabelecidas nessa fase e os aspectos que influenciam, positiva ou negativamente, na construção da identidade e do autoconceito, e quais possibilidades de intervenção para colaborar significativamente nesse processo.

Adriana Rosa Silva
CRP 06-76446

Contatos
adriprs@gmail.com
Instagram: Adriana Pereira Rosa Silva
Facebook: Adriana Pereira Rosa Silva
19 99156 9265

Psicóloga clínica pela Universidade Metodista de Piracicaba-UNIMEP. Psicopedagoga clínica pela Pontifícia Universidade Católica de Campinas (PUC-CAMP). Especialista em Terapia Familiar e de Casal pela Universidade Católica de São Paulo (PUC). Formação em Neuropsicologia pelo Centro de Estudos de Neurologia do Hospital das Clínicas da Faculdade de Medicina da Universidade de São Paulo (FMUSP). Gestora educacional, educadora de crianças e adolescentes, orientadora de pais e professores. Facilitadora do programa Encorajando Pais®. Certificada como educadora parental pela Positiva Discipline Association (PDA). Estudiosa na área de psicologia, infância, adolescência, educação, aprendizagem e neurociência. Ministra palestras e cursos para pais, educadores e profissionais. Coautora do livro *Encorajando pais: práticas para educar crianças e adolescentes confiantes e capazes*. Idealizadora do jogo "Conecta Família".

Os jovens são a fotografia dos tempos que mudam. Impossível não os amar e odiar simultaneamente. De fato, eles são aquilo que mais amamos do nosso 'ter sido', mas também aquilo que, em contraposição, detestamos porque não foi eterno, e sim apenas flutuante, líquido.
(THOMAS LEONCINI)

As palavras de Leoncini (2018), poeticamente, nos remetem às lembranças de uma fase marcada por momentos de mudanças em relação ao corpo, à maturidade mental, à construção de identidade em busca de afirmação e autonomia mas, para muitos, em especial para os pais, é um período de preocupação e inquietação por estar vinculado com o comportamento do jovem em relação a seus pares.

Quero começar a minha reflexão com uma história real. A dor trazida por uma mãe, dona Ana, que estava bastante preocupada e triste, pois havia presenciado uma cena na qual João, seu filho de 16 anos, ao errar uma jogada no vôlei, foi aplaudido, num ato de deboche, como se tivesse marcado o *match point*. Ao ser questionado sobre o fato, o adolescente relatou que essa situação era frequente e que não reagia mais, pois já havia questionado os meninos sobre esse comportamento, mas sua reação fez com que eles não só continuassem com a prática como a intensificassem. Quando também questionado o porquê de permanecer naquele grupo, João justificou sua paixão pelo vôlei e a necessidade de pertencer à equipe, mesmo se sentindo triste, chateado e humilhado.

A indignação e a tristeza da mãe também foi identificar que os adultos que faziam parte da equipe técnica não tiveram ações que pudessem modificar tal prática agressiva; então me recordei das palavras atribuídas a Martin Luther King, as quais considero de valor inquestionável: "O que me preocupa não é o grito dos maus, mas o silêncio dos bons" ou ainda, como definiu Bauman (2018): "São expectadores, ou seja, pessoas que veem o mal a ser realizado, mas desviam o olhar e não fazem nada para detê-lo".

Por que os adultos não tomaram uma providência? Por que não ajudaram o filho de dona Ana, como também o grupo de agressores? Talvez, essa seja uma oportunidade para refletir sobre suas ações, compreender quais as consequências de tal prática, identificar sentimentos, rever possíveis mágoas e buscar atitudes mais assertivas e empáticas.

Será que todos os garotos tinham o perfil que chamamos de *bullies*? Havia, por parte de todos, um desejo de dominar, humilhar e subjugar João? Estudos apontam que muitos adolescentes que testemunham práticas de *bullying* não reagem defendendo os colegas, mesmo reconhecendo a violência, porque convivem com o medo de se tornarem a próxima vítima.

> Ser vítima de *bullying* é uma questão de exclusão. Você não é como nós, não é dos nossos, não tem direito de participar de nossos jogos, não jogamos com você, se teimar em participar da nossa vida não se surpreenda se receber pancadas, pontapés, ofensas, humilhações, mortificações.
> (BAUMAN, 2018)

O silêncio, com a dificuldade para se posicionar e defender um colega que esteja sofrendo agressões, permite que os agressores continuem agindo de forma hostil contra suas vítimas. Essa passividade faz com que a prática seja legitimada e, para a vítima, é como se todos estivessem contra ela, fato que interfere diretamente nas suas relações sociais, nas reações emocionais e no seu autoconceito.

A história de João, felizmente, teve um final feliz; mudou-se de cidade, encontrou um grupo que o acolheu e, quando errava os passes no jogo, esse o incentivava a não desistir, de modo que ele se sentisse acolhido e pertencente ao grupo. Porém, tristemente, nem toda história termina assim. Sabemos das muitas práticas de *bullying* e *cyberbullying* que terminam em tragédias ou com desfechos que deixam marcas emocionais profundas em nossas crianças e adolescentes.

Dados divulgados pelo Instituto Brasileiro de Geografia e Estatística – IBGE (2021) mostraram que a prática do *bullying* ainda é uma realidade no Brasil. De acordo com o levantamento, aproximadamente 23% dos estudantes contaram ter sido vítimas da prática, sendo alvo de provocações feitas por colegas. Além disso, a pesquisa mostrou ainda que um em cada dez dos adolescentes entrevistados – um total de 188 mil jovens – já se sentiu ameaçado, humilhado e ofendido no ambiente das redes sociais ou aplicativos, o que configura o *cyberbullying*.

A Organização Mundial da Saúde (OMS) atualmente define o *bullying* como atos diretos (bater, chutar ou empurrar) ou indireto (provocações, exclusão social ou disseminação de um boato), ambos com a intenção de ofender o outro. O *cyberbullying* é uma prática que compartilha das mesmas características agressoras, porém com algumas particularidades por acontecer no contexto social digital.

Essa é uma problemática que merece nossa atenção, pois o período da adolescência, sob a perspectiva do funcionamento social, é marcado pelo desafio de se integrar, pertencer e ser aceito a um contexto mais amplo, menos protegido e no qual os adolescentes se identifiquem. A exploração desse novo cenário leva os indivíduos ao contato com as emoções, relacionadas à própria identidade e aceitação por grupos sociais.

Assim, *bullying* e *cyberbullying* se apresentam como um dos eventos sociais negativos mais comuns nessa fase, representando fator de risco para o surgimento de vários transtornos psiquiátricos. Além das consequências imediatas, essa prática violenta durante a adolescência tem sido associada à persistência de problemas como baixa autoestima e dificuldades sociais, interferindo intensamente no desenvolvimento emocional, escolar e social.

Características peculiares da adolescência

Vale ressaltar que a adolescência é marcada pela aquisição do senso de identidade e do raciocínio autorreflexivo e que, diferente da infância, ocorre uma expansão significativa da rede de interações e dos contextos de vivência social.

Esse período é marcado pelo distanciamento do núcleo familiar e pelo maior tempo de convivência com os pares, sendo assim, a relação social de amizade passa a exercer uma influência significativa no amadurecimento da identidade e nas tomadas de decisões do adolescente. A validação, por parte do grupo social, passa a ter uma força significativamente maior que a da família. Quando isso não acontece, quais as consequências? Como seria se João não tivesse encontrado um grupo ao qual se sentisse pertencente e acolhido?

Com seus pares, os adolescentes, para evitarem a rejeição, se sentirem aceitos, pertencentes ao grupo social e conquistarem espaço, muitas vezes, tendem a fazer escolhas nem sempre saudáveis. O que provavelmente pode ter acontecido com alguns garotos do time de vôlei do qual João pertencia. Portanto, há necessidade de analisarmos os valores e crenças do grupo do qual o adolescente faz parte, refletir e compreender as reais motivações que levam a determinadas alianças. O famoso ditado popular: "Diga-me com quem andas que lhe direi quem tu és" faz sentido, pensando, neurocientificamente, na lógica do pertencimento e da formação da identidade do adolescente.

Outro aspecto que é preciso considerar é sobre as especificidades cerebrais dessa fase. Teixeira (2019) afirma que: "Cérebros adolescentes são muito responsivos ao ambiente, ficam superexcitados com recompensas, emoções e novas experiências". Então, podemos concluir que nos "construímos" a partir dos resultados da somatória das experiências que vivenciamos, das pessoas com quem convivemos e do ambiente no qual estamos expostos.

Assim, o cérebro adolescente se torna cada vez mais excitado para assumir novos riscos, principalmente na presença dos pares do que quando sozinho, ele é mais emocional, impulsivo e corajoso para assumir novos riscos, novas descobertas e experiências, porém o mecanismo de regulação dos impulsos para controlar a tomada de decisões ainda é precário, e esse período "sem freio" faz com que o adolescente se torne ainda mais vulnerável, pois o jovem acaba tomando decisões precipitadas, impensadas e impulsivas.

Já parou para pensar o que um adolescente é capaz de fazer para se sentir pertencente ao grupo? Conhece alguma história, muitas vezes trágica, envolvendo um jovem aparentemente calmo, consciente, bonzinho e que se envolveu numa prática de alto risco, como dirigir bêbado, pular de algum lugar muito alto para se mostrar corajoso, consumir drogas excessivamente?

A maturação de habilidades de controle de comandos, emoções, pensamentos e ações, ou seja, a capacidade de autorregulação emocional e de tomar decisões mais assertivas e responsáveis, só acontecerá no final da adolescência, um período que não tem uma idade exatamente definida sob a perspectiva neurocientífica e está relacionada com fatores culturais e sociais. Destacando que o cérebro não só se desenvolve e se transforma durante a infância e a adolescência, mas é um processo que continua a se desenvolver durante toda a vida.

Ajudar nossos jovens na busca por equilíbrio e conquista dessa regulação emocional, criando estratégias de intervenção que promovam a integração social de maneira saudável, considerando todo o contexto, deve ser a meta dos pais, educadores e profissionais de saúde mental da infância e adolescência.

Essas ações poderiam ter ocorrido na história de João, a equipe técnica poderia ter facilitado para que as relações ali estabelecidas fossem mais saudáveis. Por que será que não os adultos fizeram? Desconheciam as possibilidades de intervenção? Não compreenderam que era uma problemática de responsabilidade de toda comunidade, à qual o adolescente pertence, e não somente à família? Identificaram a importância do fato e as possíveis consequências? Não sabemos essas respostas, porém destaco a necessidade de ações que combatam práticas, como as sofridas por João.

As práticas parentais encorajadoras e os benefícios nas relações sociais

Daniel J. Siegel, renomado médico e psiquiatra, destaca a importância e seriedade do papel dos pais na adolescência e ressalta que: "(...) a forma como navegamos as águas da adolescência – se como indivíduos jovens na jornada ou como adultos ao lado deles – pode ajudar a levar o navio da nossa vida a águas traiçoeiras ou a aventuras excitantes". E como podemos fazer isso? Como ajudar? Não saber exatamente o que fazer era a dor de dona Ana.

Bernardes e Borges (2022) ressaltam que há evidências de que um modelo parental mais democrático, que valoriza a individualidade e a autonomia da criança e do adolescente, embora também imponha limites e restrições de comportamento, favorece a competência social do indivíduo, pois estabelece expectativas sensatas e padrões realistas. Ao criarem regras claras e coerentes, os pais e/ou responsáveis sinalizam para as crianças e adolescentes o que se espera deles.

É preciso buscar por práticas parentais que permitam uma monitoria positiva e uma postura curiosa sobre as atividades diárias do adolescente, buscando saber onde estão, quais suas companhias, as atividades em que estão envolvidos, os gostos e preferências, com demonstração de afeto e interesse genuíno por suas peculiaridades, sem julgamentos prévios. Esses momentos podem ocorrer a partir das observações do cotidiano do adolescente como também serem discutidas nas reuniões de família, uma excelente oportunidade de ensinar valiosas habilidades sociais e de vida para o desenvolvimento do bom caráter.

Outro aspecto considerado indispensável está relacionado à transmissão de valores familiares (de pais para filhos), que começa desde a primeira infância, como a honestidade, a amizade, a empatia e o senso de justiça. Auxiliando nas reflexões e na discriminação do certo e do errado, por meio de diálogos, da escuta generosa, das interações afetivas e, principalmente, dos modelos comportamentais dos adultos. A famosa frase "faça o que eu falo, mas não faça o que eu faço" é, provavelmente, o caminho para o insucesso parental.

Assim como dona Ana, precisamos ficar atentos às pistas sociais, ao ambiente e às reações emocionais de nossas crianças e adolescentes. A parentalidade não é uma tarefa fácil e, na fase na adolescência, se torna ainda mais desafiadora, porém podemos compreender os momentos de "crise" como sendo de oportunidades de crescimento e integração, principalmente como exemplo de autorregulação emocional. Assim, como destacado no parágrafo acima, crianças e adolescentes manejarão as próprias emoções dependendo de como os pais vão lidar com as próprias emoções e a de seus filhos.

A escuta empática, a observação cuidadosa e a afetividade alimentam positivamente alianças sociais, garantem o respeito um pelo outro e a harmonia entre a família, ampliando essas atitudes para relações sociais externas, contribuindo para a saúde mental individual e coletiva.

Estudos apontam que a promoção do desenvolvimento de habilidades sociais e a regulação emocional adequadas pelos pais e responsáveis, com o entendimento do funcionamento comportamental dos filhos, podem trazer muitos benefícios para que crianças e adolescentes apresentem comportamentos pró-sociais que são benéficos para a pessoa com quem você está interagindo e, consequentemente, para a própria competência social.

Termino meu capítulo pensando no grupo de garotos que agrediram João. O que será que faltou? Quais modelos parentais tiveram? Que valores lhes foram transmitidos? Será que foram acolhidos em suas dores? Por que o desejo de dominar e humilhar? Nós, enquanto pais, educadores e profissionais da saúde, também precisamos direcionar nosso olhar para esse grupo.

São inúmeros os nossos desafios, mas não podemos negligenciar questões tão importantes que surgem nessa fase tão inquietante e ao mesmo tempo bonita e excitante que é a adolescência. A certeza que temos é de que nossos adolescentes precisam de nossa atenção, do nosso carinho e do nosso interesse.

Referências

BAUMAN, S.; LEONCINI, T. *Nascidos em tempos líquidos: transformações no terceiro milênio.* Rio de Janeiro: Zahar, 2018.

BOUER, J. *23% dos estudantes brasileiros já sofreram bullying, diz pesquisa.* Disponível em: <https://doutorjairo.uol.com.br/leia/23-dos-estudantes-brasileiros-ja-sofreram-bullying-diz-pesquisa/>. Acesso em: 14 nov. de 2022.

FIGUEIREDO, T. (org) *Tratado de cognição social: uma abordagem multidimensional.* vol. 3. Belo Horizonte: Ampla, 2022.

NELSEN, J.; LOTT, N. *Disciplina positiva para adolescentes: uma abordagem gentil e firme na educação dos filhos.* 3. ed. São Paulo: Manole, 2019.

SIEGEL, D. J. *Cérebro adolescente: a coragem e a criatividade da mente dos 12 aos 24 anos.* São Paulo: nVersos, 2016.

TEIXEIRA, G. *Manual da adolescência.* Rio de Janeiro: Best Seller, 2019.

2

COMO A EDUCAÇÃO E PARENTALIDADE ENCORAJADORA® PODEM CONTRIBUIR COM A CONSTRUÇÃO DE UM MUNDO MELHOR?

Conheci o termo "educação parental" no início de 2017, quando buscava mais recursos para orientar os pais das crianças que atendia no consultório enquanto psicóloga. Na época, pouco se falava sobre o assunto mas, ao mergulhar nesse universo, um novo mundo se abriu e entendi que ali estava o meu propósito, e era a área que eu gostaria de servir. Desde então, foram muitas horas de estudos por meio de formações, certificações, leituras e prática. Inúmeras famílias foram impactadas e transformadas pelo programa Encorajando Pais® – método que desenvolvi para mentorear os pais no processo de educação dos filhos. Neste capítulo, você conhecerá os pilares que sustentam nosso trabalho e compreenderá como o encorajamento pode contribuir com a construção de um mundo melhor.

ALINE CESTAROLI

Aline Cestaroli
CRP 06/107500

Contatos
www.parentalidadeencorajadora.com.br
contato@alinecestaroli.com.br
Instagram: @alinecestaroli
Facebook: aline.cestaroli
11 98286 7486

Psicóloga. Pós-graduanda em Neurociências e Desenvolvimento infantil. Terapeuta da criança interior e de saberes femininos. Educadora parental da primeira infância e professora certificada em Disciplina Positiva (PDA/USA). Consultora em Encorajamento (EC/USA). Certificada pela PDA/USA "Empoderar Pessoas no Ambiente de Trabalho". Idealizadora do programa Encorajando Pais. Fundadora da Escola da Educação e Parentalidade Encorajadora. Acredita na construção de um mundo melhor pelo encorajamento dos pais. Coordenadora e coautora dos livros *Conectando pais e filhos*, volumes 1 e 2 e *Encorajando pais: práticas para educar crianças e adolescentes confiantes e capazes* (Literare Books International).

Eu acredito na construção de um mundo melhor pelo encorajamento dos pais.
ALINE CESTAROLI

Não é segredo para ninguém que ser pai ou mãe é um desafio constante, talvez a missão mais desafiadora da vida. Assim como também não é segredo que não existe nada tão essencial para o sucesso na vida de uma criança como a presença significativa dos pais. Sendo assim, o apoio às famílias, por meio de programas de intervenção ou aconselhamento em educação parental, se apresenta como uma valiosa medida de apoio para o desenvolvimento das competências parentais.

Você que está lendo este livro, considere-se uma pessoa privilegiada, pois faz parte da primeira geração a ter acesso a informações que apontam para a necessidade de estudar para educar. É bem provável que seus pais não tiveram esse mesmo privilégio, assim como os pais de seus pais e todos os seus antepassados. Porém, com o avanço da tecnologia e o fácil acesso à informação, hoje você tem a oportunidade de encontrar muitos recursos para que consiga quebrar ciclos de violência e desenvolver competências parentais que sejam mais efetivas em longo prazo.

No livro *Encorajando Pais: práticas para educar crianças e adolescentes confiantes e capazes* (2022), escrevi sobre os perigos de educarmos crianças obedientes e o verdadeiro propósito da educação. Um tema que gerou muitas reflexões em pais e em profissionais, pois foi ao encontro das crenças que trazemos da educação tradicional, mas que contribuiu para ampliar o olhar acerca da reflexão: "que filhos estamos deixando para o mundo?" Assim, quero te apresentar os pilares que fundamentam nossa prática e que contrapõem o uso de punições e recompensas para educar crianças e adolescentes que, muito mais do que adultos sobreviventes, se tornem adultos prósperos e emocionalmente saudáveis.

Afinal, o que é a Educação e Parentalidade Encorajadora®?

Vamos começar olhando para o significado de "educação", "parentalidade" e "encorajamento" separadamente.

Educação vem do verbo educar, do latim *educare* ou *educere* – um verbo que tinha o sentido de "criar" (uma criança), nutrir, fazer crescer. Etimologicamente, poderíamos afirmar que educação, do verbo educar, significa "trazer à luz a ideia" ou, filosoficamente, fazer a criança passar da potência ao ato, da virtualidade à realidade (SILVA MARTINS, 2009).

A parentalidade pode ser definida como o conjunto das atividades e processos de cuidar, proteger e orientar as crianças para assegurar a sobrevivência, o bem-estar e o desenvolvimento integral delas. Entendemos por parentalidade a interação entre pais e filhos, como se desenvolve essa relação e quais recursos e ferramentas os pais utilizam para promover o desenvolvimento dos filhos da melhor maneira possível. Dessa forma, podemos entender que uma parentalidade eficaz é aquela que está comprometida em atender as necessidades da criança para que ela possa prosperar. De modo geral, as figuras parentais são representadas pelo pai e pela mãe, porém isso não é uma regra e em alguns contextos pode haver um substituto, quando outra pessoa assume a responsabilidade por cuidar e educar a criança.

Já a palavra encorajamento se refere a atribuir coragem. A palavra coragem vem do latim *coraticum*, da raiz cor, que significa coração. Do latim para o português, a palavra *coraticum* sofreu algumas alterações. O sufixo latino – aticum foi substituído pelo sufixo português - agem, que indica a atuação de alguma coisa. Nesse caso, coragem significa literalmente a "ação do coração". Também entendemos como coragem o movimento que fazemos em busca de nos tornarmos a melhor versão de nós mesmos, e encorajar como o movimento que fazemos para que o outro se torne a melhor versão de si.

Sendo assim, a Educação e Parentalidade Encorajadora® tem por objetivo desenvolver novas habilidades nos pais, cuidadores e educadores para que estes possam desempenhar sua função da melhor maneira possível, contribuindo com o desenvolvimento de competências socioemocionais nas crianças e adolescentes.

Em termos de educação, podemos citar a Base Nacional Comum Curricular (BNCC) – um documento essencial para a educação brasileira que estabelece as etapas e processos de aprendizagem necessários para os alunos desde o ensino infantil até o ensino médio, assegurando o desenvolvimento de 10 competências gerais. De acordo com a BNCC (BRASIL, 2017), "competência é definida como a mobilização de conhecimentos (conceitos e procedimentos), habilidades (práticas, cognitivas e socioemocionais), atitudes e valores para resolver demandas complexas da vida cotidiana, do pleno exercício da cidadania e do mundo do trabalho". As 10 competências são: 1) conhecimento; 2) pensamento científico, crítico e criativo; 3) repertório cultural; 4) comunicação; 5) cultura digital; 6) trabalho e projeto de vida; 7) argumentação; 8) autoconhecimento e autocuidado; 9) empatia e cooperação; 10) responsabilidade e cidadania.

Assim, entendemos que as habilidades que nos fizeram chegar até aqui enquanto humanidade não são as mesmas que nos farão prosperar no futuro, pois as estratégias utilizadas antes não funcionam mais. Por isso, nossa preocupação está em preparar seres humanos capazes de lidar com um mundo VUCA – acrônimo de volatilidade, incerteza, complexidade e ambiguidade, que teve origem na década de 1990 no período pós-Guerra Fria e que, de acordo com Rodrigues (2018), "diz respeito aos fatores que estão impactando o nosso ecossistema e que refletem este momento acelerado do mundo, cada vez mais instável e em rápida mudança".

Reforço a reflexão feita anteriormente: "que filhos estamos deixando para o mundo?". E vou além: queremos criar seres humanos que, apesar de todas as situações adversas, sobrevivam? Ou queremos contribuir para minimizar as adversidades e fortalecer o indivíduo para que floresça todo o seu potencial?

A diferença entre um e outro está no encorajamento.

Pilares da Educação e Parentalidade Encorajadora®

> É ainda meu sonho criar a paz no mundo por meio da paz nos lares e nas salas de aula. Quando tratarmos as crianças com dignidade e respeito, e quando lhes ensinarmos valiosas habilidades de vida para o desenvolvimento de um bom caráter, elas irão disseminar a paz no mundo.
> (JANE NELSEN, 2015)

Quando falamos sobre práticas encorajadoras para criar crianças e adolescentes prósperos, com competências socioemocionais e que sejam capazes de contribuir com a construção de um mundo melhor, estamos falando sobre práticas que despertem o potencial dos indivíduos.

Não existe um manual para educar os filhos, mas nas próximas linhas apresentarei os pilares que sustentam o que chamo de Educação e Parentalidade

Encorajadora, fazendo um contraponto com a educação tradicional. Esses pilares, pautados em estudos da psicologia, educação e neurociências, servem para orientar a direção, é como um norte que pais e educadores podem seguir.

Enquanto a educação tradicional tem como foco a obediência das crianças e dos adolescentes, na educação encorajadora o foco está na cooperação. Não queremos criar crianças e adolescentes submissos, que obedeçam sem questionar. Desejamos que eles compreendam que fazem parte de um todo, que suas atitudes interferem na vida dos outros e que são capazes de contribuir com as soluções para os desafios da vida. Desejamos que se sintam confiantes para expressarem suas necessidades, ao mesmo tempo em que aprendem a ter empatia pelas necessidades dos outros, compreendendo que a vida flui no dar e receber.

Esse pilar vai ao encontro do que é apresentado na BNCC, sobretudo quanto às competências de pensamento científico, crítico e criativo (2); comunicação (4); empatia e cooperação (9); responsabilidade e cidadania (10).

Outro pilar da educação encorajadora é o olhar em longo prazo. Enquanto a educação tradicional é imediatista, com o foco naquilo que funciona em curto prazo, a parentalidade encorajadora se preocupa com os efeitos em longo prazo. Entendemos que o mau comportamento ocorre em decorrência de diversos fatores, tais como: crenças equivocadas sobre como se movimentar na vida para se sentir aceito e amado, necessidades não atendidas, falta de habilidades e/ou estágio de desenvolvimento. Sendo assim, não temos como objetivo eliminar o mau comportamento das crianças e adolescentes, mas sim desenvolver habilidades de vida, por isso buscamos refletir sobre que tipo de filhos queremos deixar para o mundo. Por essa razão, não utilizamos punições ou recompensas para manipular o comportamento das crianças e dos adolescentes. Essas práticas são muito utilizadas na educação tradicional, justamente por funcionarem no curto prazo (eliminam o mau comportamento temporariamente), porém quando vemos os efeitos em longo prazo, compreendemos que são bastante prejudiciais.

Durante muitos anos acreditou-se que a melhor maneira de educar seria atribuindo recompensas quando a criança fizesse aquilo que era desejado, ou atribuindo uma punição quando o comportamento dela fosse considerado inadequado. Ainda hoje vemos muitas situações em que a sociedade é estruturada dessa forma, tais como multa de trânsito, bonificações salariais, notas escolares, quadro de incentivo e economia de fichas (estratégias utilizadas na área da psicologia comportamental). Tais estratégias adotam um lócus de controle externo, ou seja, a responsabilidade pelo comportamento adequado está nas mãos de outra pessoa, que precisa desempenhar um papel de motivador/regulador, em vez de desenvolver um lócus de controle intrínseco, baseado em um senso de autorresponsabilidade e que preserve a autonomia da pessoa.

Daniel Pink, estudioso sobre motivação, ressalta que "recompensas e punições podem conduzir exatamente ao oposto de seus objetivos". Pelos seus estudos, concluiu que recompensas e punições, em longo prazo, podem eliminar a motivação intrínseca, diminuir o desempenho, comprometer a criatividade, reduzir o bom comportamento, encorajar desonestidade, atalhos e comportamento antiético, se tornar viciantes e fomentar o pensamento de curto prazo (PINK, 2019, p. 67).

> Mecanismos projetados para aumentar a motivação podem enfraquecê-la; táticas visando promover a criatividade podem reduzi-la; programas para promover boas ações podem fazê-las desaparecer. Quanto ao comportamento negativo, esses mecanismos podem, em vez de refreá-lo, ampliá-lo – e dar origem à desonestidade, vício e um perigoso pensamento míope.
> (PINK, 2019, p. 42)

O equilíbrio entre a gentileza e a firmeza é outro pilar importante que sustenta as práticas encorajadoras. Jane Nelsen afirma que:

> Gentileza é importante para mostrar respeito pela criança. Firmeza é importante para mostrar respeito por nós mesmos (adultos) conforme a necessidade da situação. Aos métodos autoritários, geralmente falta gentileza, e aos métodos permissivos falta firmeza.
> (NELSEN, 2015, p. 13)

As crianças precisam de limites seguros e a firmeza ajuda a estabelecer esses limites de maneira respeitosa. Rudolf Dreikurs ressalta a importância de ser firme sem ser dominador e diz que a diferença está na maneira como os limites são estabelecidos.

> Dominação significa que tentamos impor nossa vontade sobre a criança. Nós lhe dizemos o que deve fazer [...] A firmeza, por outro lado, exprime a nossa própria ação [...] Firmeza sem dominação requer o exercício do respeito mútuo. Devemos respeitar o direito da criança de decidir o que ela vai fazer. Conquistamos nosso respeito próprio através de nossa recusa de ficar à mercê de uma criança mal comportada.
> (DREIKURS, 1964, p. 92)

Nós somos seres sociais e precisamos uns dos outros para a sobrevivência, por isso a conexão é outro pilar que sustenta nossa prática. Para que possam se desenvolver de maneira saudável, as crianças precisam se sentir conectadas com os adultos que são referência na vida delas. É importante que os pais busquem estabelecer uma conexão com os filhos, por meio da presença, escuta ativa, tempo junto, do brincar, mas também, e principalmente, nos momentos desafiadores. Cuidar da manutenção do vínculo entre pais e filhos é importante para que as crianças e os adolescentes se sintam seguros e cooperem. Esse senso de conexão é fundamental para o desenvolvimento de uma relação de confiança. É ele que faz a criança sentir que pertence à família, que é importante, aceita e amada.

Estudos recentes em neurociências comprovam que o cérebro é um órgão social, ou seja, ele se desenvolve na interação com o ambiente e as pessoas ao redor. Quando o relacionamento é dominado por interações agradáveis, os pais e o bebê estão, sem perceber, edificando o córtex pré-frontal da criança e desenvolvendo as suas capacidades de autorregulação e interações sociais complexas (GERHARDT, 2017, p. 57).

Para finalizar, o último, mas não menos importante, pilar que alicerça nossa prática é o pilar do encorajamento e você já aprendeu o significado no início deste capítulo. Oferecemos esse encorajamento, criando condições que favoreçam o desenvolvimento da autoconfiança e fazemos isso encorajando as crianças e os adolescentes a aprenderem com os erros, a passar pelas frustrações, a enfrentar as consequências de suas escolhas, permitindo que contribuam com as tarefas da casa e não fazendo por eles aquilo que já são capazes de fazer sozinhos. Quando fazemos demais pelas crianças e adolescentes, roubamos as oportunidades de desenvolverem a crença de que são capazes, por meio das próprias experiências e, assim, podem desenvolver a crença de que precisam ser cuidados e merecem tratamento especial, o que em longo prazo pode gerar dependência.

Todos nós nascemos com um poder pessoal e os pais, enquanto líderes da família, precisam encorajar a criança e o adolescente a usarem o poder pessoal de maneira construtiva. O problema é que muitos pais querem tirar esse poder dos filhos e mostrar que são eles quem mandam e, por isso, acabam entrando em muitas disputas de poder.

Esse encorajamento também é o ingrediente essencial para estabelecer uma relação baseada no amor e não no medo. O que é fundamental para que, perante uma situação difícil na vida, os filhos saibam que podem contar com os pais e correr ao encontro deles, em vez de correr deles, como acontece na educação tradicional, que é pautada no medo.

Quando os pais usam encorajamento para educar seus filhos, eles estão transmitindo a mensagem de que as crianças e os adolescentes são suficientemente bons exatamente como são e, então, permitem que eles saibam e percebam que são valorizados sem julgamento e por sua singularidade. Isso é fundamental para que construam um senso de autovalor e pertencimento.

Por onde começar?

Filhos não nascem com um manual e não existe uma fórmula mágica para lidarmos com os desafios, mas acredito que existe um norte, uma bússola que pode guiar essa maravilhosa e desafiadora missão. Os pais precisam de encorajamento para ressignificarem a própria infância e aprenderem novas habilidades para lidar com os desafios de comportamento, por isso é tão importante estudar para educar.

Juntos, vamos em prol de uma Educação e Parentalidade Encorajadora®?

Referências

BRASIL, Ministério da Educação – BNCC – Base Nacional Comum Curricular, 2017. Disponível em: <http://basenacionalcomum.mec.gov.br/images/BNCC_EI_EF_110518_versaofinal_site.pdf>. Acesso em: 07 fev. de 2022.

CESTAROLI, A. *Encorajando pais: práticas para educar crianças e adolescentes confiantes e capazes.* São Paulo: Literare Books International, 2022.

DREIKURS, R.; SOLTZ, V. *Como educar nossos filhos nos dias de hoje: liberalismo x repressão – uma orientação segura para os dilemas de pais e filhos.* Rio de Janeiro: Record, 1964.

GERHARDT, S. *Por que o amor é importante: como o afeto molda o cérebro do bebê.* 2. ed. Porto Alegre: Artmed, 2017.

NELSEN, J. *Disciplina Positiva: o guia clássico para pais e professores que desejam ajudar as crianças a desenvolver autodisciplina, responsabilidade, cooperação e habilidades para resolver problemas.* 3. ed. Barueri: Manole, 2015.

PINK, D. *Motivação 3.0: a surpreendente verdade sobre o que realmente nos motiva.* Rio de Janeiro: Sextante, 2019.

RODRIGUES, V. *Líder ágil; liderança vuca: como liderar e ter sucesso em um mundo de alta volatilidade, incerteza, complexidade e ambiguidade.* Casa do Escritor, 2018

SILVA MARTINS, E. A etimologia de alguns vocabulários referentes à educação. *Olhares & Trilhas,* [S. l.], v. 6, n. 1, 2009. Disponível em: <https://seer.ufu.br/index.php/olharesetrilhas/article/view/3475>. Acesso em: 13 abr. de 2022.

3

FAZER POR ELE OU COM ELE?
A AUTONOMIA NECESSÁRIA PARA UM BOM DESENVOLVIMENTO

Neste capítulo, será possível encontrar uma reflexão sobre a importância da autonomia na vida das crianças e o quanto isso deve ser trabalhado desde a primeira infância. Sendo assim, após a reflexão, pais e profissionais serão capazes de aprender modos de incentivar essa autonomia de maneira assertiva e coerente.

AMANDA ANDRADE

Amanda Andrade

Contatos
amandaandradepsic@gmail.com
Instagram: @psicologaamandaandrade
43 99979 5993

Psicóloga, pedagoga, escritora e educadora parental, especialista em educação especial e atendimento educacional especializado em APAE, especialista em saúde mental e atenção psicossocial. Tornou-se facilitadora do programa Encorajando Pais após mais de 10 anos de experiência trabalhando com famílias e identificando a necessidade de um foco mais voltado a elas. É coautora dos baralhos *Familiarizando, Descubra o poder da sua autoestima, Cognitivamente* e dos livros *Desvendando a infância, Autoestima na prática* e *Trabalhando a ansiedade*. Atualmente, além de se dedicar à escrita, realiza atendimentos clínicos e escolares com crianças, jovens, adultos e famílias, bem como palestras na área.

Sempre que ouço a frase: "ele não tem limites", me faz pensar em algumas coisas, como: de que forma esses limites foram oferecidos a essa criança? Ela sabe a importância desses limites que foram impostos? Ela ajudou na construção desses limites, entendendo por que precisa tê-los?

A autonomia, em um primeiro foco, é dar espaço para a fala da criança, é acolher o sentimento dela, é deixar que tome algumas decisões e arque com as consequências (seguras); acima de tudo, é respeitar.

O primeiro instinto da criança é agir sozinha, sem a ajuda de outrem, e o seu primeiro ato consciente de independência é defender-se dos que procuram ajudá-la (MARIA MONTESSORI, 1949).

Tarefa difícil essa de sair do papel de controle, não é verdade? Por isso, acabamos por fazer tudo para os nossos filhos. Mas, dessa forma, como eles aprendem sobre os limites, se nós mesmos não os temos?

Quando penso em autonomia, preciso ligá-la diretamente com limites, ensinando de maneira clara e objetiva. Precisamos falar sobre possibilidades e assumir responsabilidades, isso sim faz que aprendam a fazer escolhas e vão acumulando experiências.

Diferentemente do que se pensa, a autonomia, assim como outras habilidades de vida, é construída desde a infância. Então, não podemos cobrar de um adolescente ou adulto que ele tenha autonomia, que saiba fazer escolhas, que encontre soluções para seus problemas, seja resiliente, tenha flexibilidade frente às dificuldades e adaptações se não aprendeu isso desde pequeno.

Pensando dessa forma, podemos entender o quanto a autonomia deve ser desenvolvida desde sempre, de maneira gradual e segura, respeitando a faixa etária e o que é esperado para ela. Gosto de frisar isso porque não é dar liberdade demais, lembrem-se de que autonomia está ligada a limites e não podemos negligenciar o que a criança precisa de nós, mas sim não fazer por ela aquilo que ela é capaz de fazer sozinha e aí entra a gentileza e a firmeza

Amanda Andrade

para conseguir encorajá-la a identificar que é capaz e que sempre estaremos ali para apoiá-la.

Autonomia não é perder os filhos, deixar de ser responsável por eles e sim tê-los de maneira mais segura sabendo que estamos preparando-os para um futuro real, e não para um futuro imaginário.

Muitas vezes, quando superprotegemos ou fazemos tudo por nossos filhos, acabamos por desprotegê-los e desencorajá-los. Pensamos no imediato e nos esquecemos de que estamos criando alguém para o futuro, que se tornarão adolescentes e adultos em algum momento. Então, sem perceber, vamos mostrando a eles que são incapazes e isso acaba aparecendo conforme vão crescendo com essa crença, o que vai influenciar na sua autoconfiança e autoestima do futuro.

Na vida adulta, é necessário saber escolher, tomar decisões, agir de maneira assertiva, por isso é tão importante essa construção desde pequenos, isso não vai poupar os filhos de ter que passar pelas tempestades, mas que estarão mais preparados para saber agir frente a elas.

Existem adultos que, quando olham para sua infância, pensam: "quantas vezes não fui ouvido, tentei expor minha opinião e não tive direito", "quantas vezes meus pais decidiram por mim e hoje, sem eles, não sei o que fazer", "sempre fui o melhor e agora não está sendo assim" ou "me sinto triste por não conseguir que as coisas saiam do meu jeito".

Nesses quatro exemplos, é possível encontrar dois pensamentos distintos que relatam, aparentemente, adultos cujos pais se apoiaram em estilos parentais também distintos. De um lado, esses adultos tiveram pais autoritários e, do outro, pais permissivos, porém em ambos existe algo em comum: o foco apenas no curto prazo, nas situações do momento e não em um olhar para o futuro, para o que era necessário se construir para criar filhos autônomos e equilibrados emocionalmente.

Esses pais não tinham esse olhar a longo prazo e, sem perceber, mesmo dando o seu melhor, acabaram auxiliando para um destino não tão esperado para a vida adulta de seus filhos.

Encontramos muitos adultos hoje que não conseguem identificar o que aconteceu com eles na infância para que se sintam e se comportem assim nos dias atuais, pelo fato de que não curaram sua criança interior e não deram o destino correto às suas angústias e aflições. Porém, uma coisa é certa: precisamos de autoconhecimento para nos curarmos emocionalmente e para criarmos filhos saudáveis emocionalmente também.

Levando essas questões em consideração, podemos dar passos importantes na educação encorajadora de nossos filhos e um importantíssimo passo, além de buscar autoconhecimento, é olhar a longo prazo nos perguntando: "Qual adulto eu quero criar?"; "Quais habilidades de vida gostaria que ele tivesse?"; "Como estou proporcionando esse treino na infância?".

Afinal, para se criar bons hábitos, se tornar habilidoso em algo, é preciso muito treino e, entre eles, muitos erros e acertos. Uma dessas habilidades tão importantes para a vida adulta é a autonomia já citada anteriormente que, de maneira segura, deve ser adquirida e treinada desde a infância. Isso diz respeito à criança ir aprendendo pequenas coisas do dia a dia, tais como: segurar a própria mamadeira, guardar os brinquedos, se alimentar com os talheres, ajudar os pais nas atividades de casa, como arrumar a cama, colocar a mesa, escovar os dentes, trocar de roupa, usar o banheiro. Assim, conforme a criança for crescendo, também é possível expandir a aprendizagem e, como consequência, ela vai ganhando um espaço seguro no mundo.

Para que essa autonomia seja possível, é importante que os pais conheçam sobre o desenvolvimento infantil, o que é esperado para cada fase e saibam agir de maneira encorajadora, evitando broncas, ensinando a criança a lidar com os erros, frustrações, motivando a resolução de problemas – isso se chama inteligência emocional.

A inteligência emocional vai sendo também construída pela experiência que as crianças vão tendo. Quando realizamos as atividades por nossos filhos, mesmo sabendo que podem fazer sozinhos, anulamos a autonomia deles. Dessa forma, perdem a oportunidade de identificar que são capazes.

Todas as habilidades necessárias para uma vida adulta saudável estão entrelaçadas, uma ajuda a outra a se desenvolver e, como já dito antes, todas precisam de treino. Então, se nossos filhos notarem que não são capazes de fazer as próprias coisas, como se sentirão com relação a si mesmos na vida adulta?

Deixo aqui essa pergunta para que possamos refletir sobre aquilo que queremos para o futuro dos nossos filhos, pois precisamos auxiliar nessa construção desde a infância, não fazendo por eles e sim com eles.

Referências

ABRAHÃO, T. *Pais que evoluem: um novo olhar para a infância*. São Paulo: Literare Books International, 2021.

CAMINHAR, R. M. *Educar crianças: as bases de uma educação socioemocional*. Novo Hamburgo: Sinopsys, 2014.

DATTILIO, F. M. *Manual de terapia cognitivo-comportamental para casais e famílias*. Tradução de Magda França Lopes. Porto Alegre: Artmed, 2011.

GOTTMAN, J. *Inteligência emocional e a arte de educar nossos filhos*. Rio de Janeiro: Objetiva, 1997.

MONTESSORI, M. *Mente absorvente*. Tradução de Wilma Freitas Ronald de Carvalho. Rio de Janeiro: Nórdica, 1949.

NELSEN, J. *Disciplina Positiva*. 3. ed. Barueri: Manole, 2015.

NELSEN, J.; ERWIN, C.; DUFFY, R. A. *Disciplina positiva para crianças de 0 a 3 anos: como criar filhos confiantes e capazes*. Tradução de Bete Rodrigues e Fernanda Lee. Barueri: Manole, 2018.

SIEGEL, D. J.; HARTZELL, M. *Parentalidade consciente: como o autoconhecimento nos ajuda a criar nossos filhos*. Rio de Janeiro: nVersos, 2020.

4

AUTOLESÃO NA ADOLESCÊNCIA
FATORES DE RISCO E PROTEÇÃO

A autolesão é um fenômeno multifatorial, comum entre os adolescentes, causando danos superficiais a seus corpos. Assim como mudanças de humor, de comportamento e na alimentação podem ser sinais de que algo está errado, com a saúde mental, as autolesões inspiram cuidados imediatos, pois são condições de risco para suicídio e podem ser sinal de algum transtorno mental. É fundamental que os fatores de risco para a autolesão sejam estudados e os fatores de proteção praticados para contribuir com a saúde mental das crianças e adolescentes.

CRISTIANE KINDER

Cristiane Kinder
CRP 06/135194

Contatos
www.institutokinder.com.br
Instagram: @psicologa_cristiane_kinder
criskinder@gmail.com
11 98213 3252

Psicóloga clínica, formada em Psicologia pela FMU, pós-graduada em Terapia Cognitivo-comportamental pelo Child Behavior Institute of Miami, especialista em Neuropsicologia pelo Hospital das Clínicas, da Faculdade de Medicina da Universidade de São Paulo (FMUSP), especialista em Intervenção na Autolesão, na Prevenção e na Posvenção do Suicídio pelo Instituto VitaAlere, especialista em Terapia do Esquema pelo Instituto Cognitivo, educadora parental pelo programa Encorajando Pais®, *coaching* parental pelo Parent Coaching Brasil. Trabalha como psicóloga clínica, realizando atendimentos on-line e presenciais de crianças, adolescentes e adultos. Faz avaliação neuropsicológica e orientação parental. É palestrante em escolas, empresas e igrejas.

> [...] mesmo quando está calor, uso blusa de manga longa para que as pessoas não vejam meus cortes nem as marcas da dor profunda que sinto e o vazio em minha alma[...]
> (RELATO DE UMA ADOLESCENTE DE 15 ANOS)

O aumento da prática da autolesão na adolescência merece atenção máxima dos pais e professores, pois é indicador de sofrimento emocional e pode estar relacionado a problemas psicológicos que exigem intervenção profissional.

A autolesão é um comportamento intencional que envolve agressões ao próprio corpo sem pensamentos conscientes de suicídio. Essas agressões não são socialmente aceitas na cultura nem são usadas para exibição (GIUSTI, 2013).

No *Manual diagnóstico e estatístico de transtornos mentais: DSM-5* (American Psychological Association (APA), 2014, p. 804), a autolesão não suicida é definida como "o comportamento repetido do próprio indivíduo de infligir lesões superficiais, embora dolorosas, à superfície do seu corpo".

Autolesão e comportamento suicida são comportamentos diferentes e precisam de cuidados específicos. Tanto a autolesão quanto o comportamento suicida são violências autoprovocadas e o que os diferencia é a intenção, ou seja, o comportamento suicida sempre vai estar associado à ideia de morte, enquanto a autolesão pode estar ligada a outras questões emocionais. É importante lembrar que, quanto maior é o tempo que alguém se autolesiona e não recebe tratamento adequado, maior o risco de desenvolver comportamento suicida. Entende-se que a pessoa não está conseguindo lidar de modo saudável com questões de sua vida, portanto está mais vulnerável ao suicídio. Comportamentos autolesivos frequentes e intensos podem ocasionar morte acidental, devido a cortes profundos sem intenção de suicídio (GIUSTI, 2013).

Segundo Aragão Neto (2019), autolesão refere-se à necessidade do indivíduo de gerar danos e/ou dor de maneira deliberada, em alguma parte do corpo, sem intenção suicida. A forma mais comum encontrada são os cortes superficiais na pele, que representam cerca de 94,7% dos casos. Porém, outros métodos também são encontrados, como se queimar, se autogolpear, coçar até ferir, morder, interferir na ferida (arrancar a casca) e bater a cabeça (ARAGÃO NETO, 2019).

A idade de maior incidência se dá entre os 12 e os 15 anos. O maior índice está entre os adolescentes (17,2%), mas também há índices entre adultos jovens (13,4%) e adultos (5,5%), além de crianças que também relatam episódios de autolesão (TRINCO et al. 2017).

O que motiva o indivíduo à prática autolesiva são vários fatores, porém os mais comuns são: alívio da dor emocional (evitar estados internos negativos e induzir estados positivos), autopunição (sentir que merece ser castigado por algo que fez), antissuicídio (quer sentir dor, mas não quer a morte), busca por sensações, conexão com os pares (influência social) e para punir outras pessoas (TAYLOR et al., 2018).

Quando o indivíduo possui poucas estratégias de enfrentamento das suas frustrações e sensações desagradáveis, dificuldade de regular afeto e baixa habilidade para resolução de problemas, encontra na autolesão um modo disfuncional para lidar com as dificuldades e os problemas da sua rotina. Por meio da autolesão, o indivíduo desvia a atenção para machucar o corpo, gerando uma sensação de bem-estar.

Ainda que, durante o ato de autolesão, seja comum o indivíduo não sentir dor ou, em outros casos, sentir uma dor de leve intensidade ligada às lesões, essa tensão física é utilizada para substituir as tensões psicológicas e causar alívio. Porém, essa ação não resolve o conflito psíquico gerador do sofrimento, apenas o ameniza momentaneamente (ALMEIDA et al., 2018; GIUSTI, 2013).

Grande parte dos adolescentes que se automutilam precisam de ajuda psicológica para resolução dos conflitos emocionais e, em alguns casos, se faz necessário acompanhamento psiquiátrico.

A autolesão pode estar associada a alterações funcionais, a alterações neurobiológicas, a alguns fatores psicossociais e/ou a fatores psiquiátricos, que podem estar presentes nas experiências individuais e aumentar o comportamento suicida. É importante evidenciar novamente que, na tentativa de suicídio, o indivíduo tem como objetivo a morte, a busca por um fim; já na autolesão, o objetivo é se sentir melhor, buscando uma sensação de alívio da dor (GIUSTI, 2013).

Em suma, a autolesão é um comportamento crônico resultado de complexas interações de fatores genéticos, biológicos, psiquiátricos, psicológicos, sociais e culturais e que gera impacto e riscos físicos, sociais e educacionais, sendo assim um relevante problema de saúde pública. Esse comportamento tem aumentado consideravelmente no público adolescente e nas escolas, devido ao efeito contágio gerado pela divulgação realizada por meio das redes sociais.

A adolescência é um período marcado pela impulsividade e pela instabilidade emocional devido a fatores biológicos e de desenvolvimento, que ocorrem em um contexto sociocultural em constante transformação, em configurações familiares e educacionais das mais diversas.

Diante de todos os fatores, alguns adolescentes em sofrimento psíquico desenvolvem comportamentos autolesivos para lidar com as emoções. Como todo comportamento, é uma forma de expressão (WATZLAWICK, BEAVIN & JACKSON, 2007). A autolesão é entendida como uma estratégia para externalizar o sofrimento individual, adotada pelos adolescentes em situação de vulnerabilidade emocional e com recursos internos insuficientes para manejar suas emoçõe (WHITLOCK & LLOYD-RICHARDON, 2019).

Os comportamentos autolesivos podem acontecer uma única vez, relacionados a questões específicas em que o adolescente não encontrou ou ainda não desenvolveu os recursos emocionais necessários para enfrentá-la (SANTOS et al., 2018).

Fatores de risco e proteção para o comportamento de autolesão

A autolesão é um evento multifatorial complexo que envolve vários fatores de risco que levam o indivíduo a ter esse comportamento. Diversos autores concordam que ambientes familiares inseguros e inconsistentes – com negligência, pouco diálogo, críticas constantes, falta de afeto, repressão de expressão emocional, abuso emocional, físico ou sexual – levam o indivíduo a ter um desenvolvimento interpessoal pobre e pouca habilidade para regular emoções, o que levaria a comportamentos mal adaptados, como a autolesão (ARAGÃO NETO, 2019; GIUSTI, 2013; SANTOS et al., 2018).

A relação familiar disfuncional que gera isolamento, insegurança, falta de mecanismos de adaptação e instabilidade emocional é um fator de risco, assim como as relações interpessoais que geram raiva autodirigida ou autodepreciação. Os dois tipos de relação fazem que o indivíduo não verbalize suas emoções, causando problemas não só no ambiente familiar como um distanciamento do ambiente social (GIUSTI, 2013).

Experiências negativas com cuidadores primários, como maus-tratos e abusos, podem levar à imaturidade do sistema nervoso central na infância, podendo deixar as crianças mais vulneráveis a falhas no sistema biológico. Tais falhas levam a déficits na regulação emocional e a estratégias de enfrentamento desadaptativas; por conseguinte, indivíduos com essas experiências negativas são associados a escores mais altos de depressão e ansiedade, bem como comportamentos de autolesão. Vale ressaltar que nem todos os indivíduos que foram vítimas de violência (física, emocional, sexual) na infância praticam a autolesão, como também nem todos que apresentam esses comportamentos foram vítimas de abuso (ARAGÃO NETO, 2019).

Alguns transtornos psiquiátricos também podem condicionar o comportamento de autolesão. Um indivíduo que exibe esses comportamentos pode apresentar perturbações no nível de psicopatologia geral, como depressão, ansiedade, impulsividade e agressividade. Na maioria dos casos, o indivíduo está associado a um diagnóstico psiquiátrico, sobretudo às doenças afetivas, podendo apresentar comorbidades de transtornos (SANTOS et al., 2018).

Em relação aos adolescentes, a influência social e os ambientes disfuncionais podem ser fatores de risco. O adolescente se refugia cada vez mais em seus amigos e em seu suporte coletivo, já que considera essas relações importantes para a vida dele. Assim, a influência dos amigos para a prática desses comportamentos é evidente, gerando um efeito contágio entre eles (SANTOS et al., 2018).

Em suma, podem ser destacados os seguintes fatores de risco: *bullying* e *cyberbullying*, abuso físico, emocional e/ou sexual, uso de substâncias como álcool e drogas, questões de ordem psiquiátrica (transtornos de humor, de personalidade, alimentares, ansiedade, depressão, vulnerabilidade social e emocional, conflitos familiares ou interpessoais, dificuldades de adaptação na rotina escolar, social e familiar, impulsividade, rigidez de pensamento, baixa tolerância à frustração, relacionamento conturbado com o próprio corpo ou sexualidade.

Por fim, diversos autores apontam fatores de proteção para o comportamento autolesivo. Dentre eles, a família é um dos mais citados. Os pais ajudam seus filhos a regular as emoções e a resolver conflitos quando formam a base da rede de apoio social, criam uma família funcional com abertura e presença de diálogos, combinados e limites bem estabelecidos e entendidos pelos filhos, oferecem recursos necessários para o crescimento individual, e apoiam os filhos frente às dificuldades que apresentam. Padrões de sono satisfatórios, participação em atividades físicas e atividades artísticas, redes de suporte social funcional (amigos, escola, igrejas) são outros fatores de proteção apontados. Além desses fatores, a escola, ao elaborar projetos educativos sobre educação emocional, pode ser um fator de proteção preventivo, já que o comportamento autolesivo está ligado à adolescência e o adolescente passa um longo período no ambiente escolar (ALMEIDA *et al.*, 2018; ARAGÃO NETO, 2019; SANTOS *et al.*, 2018).

Sinais de que um indivíduo pode estar se autolesionando:

- Uso de roupas compridas no calor ou tentativas de esconder partes do corpo.
- Isolamento.
- Mudanças bruscas de comportamento.
- Variações de humor.
- Tristeza e melancolia constantes.
- Alterações no desempenho escolar.
- Busca por conteúdos sobre autolesão na internet.
- Acompanhamento de páginas que estimulam a autolesão.
- Compartilhamento de fotos e textos expondo a autolesão na internet.
- Feridas, hematomas e cicatrizes.
- Encontro de objetos perfurocortantes, papel com sangue e curativos.

O que posso fazer para ajudar um indivíduo que está se autolesionando:

- Acolher de maneira empática.
- Agir de maneira tranquila e compreensiva.
- Demonstrar que se importa e quer ajudar, mesmo não concordando ou não entendendo.
- Mostrar respeito, preocupação e disposição para ouvir.
- Identificar se o indivíduo está passando por situações de violência como *bullying, cyberbullying*.
- Buscar um profissional de saúde de sua confiança ou um profissional de saúde mental, que pode ser um psicólogo ou um psiquiatra.

O que não fazer se descobrir que um indivíduo está se autolesionando:

- Reagir exageradamente.
- Demonstrar pânico, espanto, repulsa/nojo.
- Julgar ou minimizar o sofrimento do indivíduo.
- Ameaçar, castigar ou gritar para interromper o comportamento.
- Mostrar interesse excessivo.
- Falar sobre o comportamento em público ou pedir/forçar mostrar feridas – expor.
- Fotografar os machucados.
- Dar atenção excessiva às lesões e perguntar o tempo todo sobre o comportamento.

Em caso de suspeita de autolesão, não espere para depois, não pense que é só uma fase e que vai passar. Machucar-se é uma forma de comunicar que algo não está bem, é um pedido de ajuda. Portanto, ofereça e busque ajuda.

Referências

ALMEIDA, R. S.; CRISPIM, M. S. S.; SILVA, D. S.; PEIXOTO, S. P. L. A prática da automutilação na adolescência: o olhar da psicologia escolar/educacional. Caderno de Graduação – Ciências Humanas e Sociais – UNIT – Alagoas, 4(3), 147, 2018.

AMERICAN PSYCHIATRIC ASSOCIATION (APA). *Manual diagnóstico e estatísticos de transtornos mentais: DSM-5.* Porto Alegre: Artmed, 2014.

ARAGÃO NETO, C. H. *Autolesão sem intenção suicida e sua relação com ideação suicida.* 174 f., il. Tese (Doutorado em Psicologia Clínica e Cultura – Universidade de Brasília, Brasília, 2019.

ATZLAWICK, P.; BEAVIN, J. H.; JACKSON, D. D. *Pragmática da comunicação humana: um estudo dos padrões, patologias e paradoxos da interação.* São Paulo: Cultrix, 2007.

GIUSTI, J. S. *Automutilação: características clínicas e comparação com pacientes com transtorno obsessivo-compulsivo.* [Tese de Doutorado] Faculdade de Medicina, Universidade de São Paulo, 2013.

SANTOS, A. A.; BARROS, D. R.; LIMA, B. M.; COSTA BRASILEIRO, T. Automutilação na adolescência: compreendendo suas causas e consequências. *Temas em Saúde*, João Pessoa, v. 18, n. 3, 2018.

SCAVACINI, K.; CACCIACARRO, M. F.; MOTOYAMA, E. P.; FRANÇA, L. *Autolesão: guia prático de ajuda.* Instituto Vita Alere de Prevenção e Posvenção do Suicídio, 2021.

TAYLOR, P. J.; JOMAR, K.; DHINGRA, K.; FORRESTER, R.; SHAHMALAK, U.; DICKSON, J. M. A meta-analysis of the prevalence of different functions of non-suicidal selfinjury. *Journal of Affective Disorders*, 227, 759–769, 2018.

TRINCO, M. E. de M.; SANTOS, J. C.; BARBOSA, A. Vivências e necessidades dos pais no internamento do filho adolescente com comportamento autolesivo. *Revista de Enfermagem Referência*, série IV(13), 115– 124.

WATZLAWICK, P.; BEAVIN, J. H.; JACKSON, D. D. *Pragmática da comunicação humana: um estudo dos padrões, patologias e paradoxos da interação*. 15. ed. São Paulo: Cultrix, 2007.

WHITLOCK, J.; LLOUD-RICHARDSONI, E. *Healing Self-Injury: a compassionate guide for parents and other loved ones*. New York: Oxford University Press, 2019.

5

AUTONOMIA ESCOLAR
MENTES E CORAÇÕES CONECTADOS PARA ENCORAJAR AS CRIANÇAS A TEREM AUTONOMIA

Neste capítulo, compartilho com você conhecimento, pela minha experiência como diretora escolar, sobre a importância de encorajar a criança a ter autonomia com segurança.

CRISTINA MARTINEZ

Cristina Martinez

Contatos
crismartinez@vercrescer.com
Instagram: @cri_martinez_ / @vercrescer
11 99741 7644 / 11 99588 4001

Mãe do Henrique, educadora parental pedagoga e apaixonada pelo desenvolvimento infantil. Diretora e mantenedora da Escola de Educação Infantil Ver Crescer há 20 anos e formada pela Unifesp em Medicina Comportamental. Também possui certificado pela CCE Continuing Coach Education (International Coach Federation), o "Coaching a Strategy for Achievement"; certificado *coaching* infantil, método *kid coaching* Instituto de Coaching Infantojuvenil-RJ. Formada em Constelação Sistêmica Familiar – Ápice desenvolvimento Humano Coaching Estrutural Sistêmico Organizacional e educadora parental do programa Encorajando Pais com a psicóloga Aline Cestaroli. Escritora do livro infantil *O Solzinho de todas as cores* (Literare Kids International). Coordenadora Editorial do livro O mundo da criança – como ajudá-las a solucionarem seus próprios problemas e entenderem suas emoções (Literare Books International). Ministra palestras e *workshops* voltadas à primeira infância e presta assessoria e mentoria pedagógica para educadores.

O termo "autonomia" tem origem grega e refere-se ao poder de ser autossuficiente e independente. Trata-se de uma característica importante para o pleno desenvolvimento humano e, no que se refere especialmente à autonomia das crianças, é bastante significativa. Quando os pequenos são motivados a buscar independência e liberdade em suas ações, tanto em casa quanto na escola, as potencialidades podem oferecer campo fértil para o crescimento.

O conceito de autonomia significa "capacidade de tomar decisões não forçadas e baseadas em informações disponíveis", e a infância é um importante período no desenvolvimento desta, por se tratar de uma fase da vida na qual a criança conhece e explora o mundo.

De acordo com a BNCC - Base Nacional Comum Curricular elaborada pelo MEC, "a autonomia pode ser definida como a capacidade de se conduzir e tomar decisões por si própria, levando em conta regras, valores, perspectiva pessoal, bem como a perspectiva do outro, é, nessa faixa etária, mais do que um objetivo a ser alcançado com as crianças, um princípio das ações educativas".

A educação infantil é vista como uma instituição que possibilita interações e práticas sociais com diversas linguagens e contato com os mais variados conhecimentos para a construção de uma identidade autônoma nas crianças.

O papel da escola: autonomia na educação infantil

A escola tem um importante papel nas conquistas das primeiras aprendizagens da criança, na formação do pensamento simbólico, no desenvolvimento da linguagem e no processo de se tornar um ser sociável.

É nesse espaço que a construção da autonomia se dá, a partir de ações cotidianas, em atividades sistematizadas e em todos os seus recursos pedagógicos e sociais, tais como: a noção de higiene pessoal, alimentar-se sozinho, guardar os brinquedos, a escolha de materiais e sua utilização.

Maria Montessori afirma "nunca ajude uma criança em uma tarefa que ela sente que pode fazer sozinha". Dar autonomia à criança é uma questão de respeito e amor por ela. Crianças com autonomia desenvolvem habilidades importantes para o futuro, tais como: senso crítico, autoestima, autorresponsabilidade, capacidade de tomar decisões, resiliência e criatividade.

A criança quer escovar os dentes sozinha? Tomar banho? Vestir a própria roupa? Calçar os tênis? Deixe que ela faça. Ela pode errar, tentar de novo, errar mais uma vez. Não tem problema algum, porque os erros são parte natural do processo de aprendizagem.

Nesse sentido, a escola colabora em diversos aspectos da evolução dos pequenos, oportunizando à criança uma dose certa de independência e disponibilizando ferramentas para que ela possa desenvolver autonomia, assim o crescimento dela se torna mais saudável.

Importante lembrar que dar autonomia na educação infantil significa alimentar na criança o sentimento de que ela é capaz de resolver problemas e superar desafios, de que é capaz de tomar decisões e lidar com as consequências das escolhas. As crianças sentem prazer nas primeiras conquistas e em experimentar o mundo à volta dela, é aí que a autoconfiança começa.

A autonomia na educação infantil

Vou relacionar, a seguir, algumas estratégias que você pode utilizar para incentivar a autonomia nas crianças:

1. Oportunize, para desenvolver a autonomia, a construção de combinados para as relações de cooperação, já que é fundamental o exercício do respeito mútuo no espaço escolar desde cedo;
2. Conte, na construção de regras e combinados de convivência, com a colaboração dos pequenos, pois, de modo geral, as crianças respeitam legitimamente as regras que elas mesmas elaboram e trabalham com empenho para atingir as próprias metas;
3. Incentive o auxílio ao próximo, em uma atividade ou brincadeira, isso fará com que se sintam úteis;
4. Encoraje a iniciativa para execução de tarefas, valorizando as tentativas;
5. Dê aos alunos a oportunidade para que façam pequenas escolhas dentro da rotina diária;
6. Garanta um espaço no qual os pequenos se expressem, incentivando e auxiliando a criança a explicitar as emoções;
7. Permita à criança se frustrar e lidar com esse sentimento. Deixar que ela erre faz parte de qualquer processo de aprendizagem e é importante para o desenvolvimento da autonomia;

8. Oportunize um espaço para debates em grupo e a resolução de conflitos diários por meio do diálogo;
9. Estimule a curiosidade e a investigação. A criança já é naturalmente curiosa e, na Educação Infantil, o educador pode atrair o interesse dela a partir das escolhas espontâneas;
10. Valorize as proposições de ideias das crianças, peça para que colaborem com sugestões a respeito de curiosidades e o que desejam aprender.

Quando os pequenos são motivados a buscar independência e liberdade nas ações, as potencialidades podem oferecer campo fértil para o crescimento.

Desde a mais tenra idade, eles podem ser estimulados a realizar feitos pertinentes à faixa etária, para que se reconheçam como agentes de sua existência. Tal iniciativa contribui para a construção de noções de limites e de consequências, aspectos preciosos para a formação de bons cidadãos que prezam por si e por seus semelhantes.

Criando um ambiente favorável

Uma das melhores maneiras do ambiente escolar proporcionar autonomia às crianças é ter espaço adequado a todas as possibilidades criadas por elas para alcançar o desenvolvimento. Um espaço físico acolhedor e pleno de motivação pode ser imensamente favorável à exploração e à criação, tornando-se um caminho para aprender e para a constatação de si como ser capaz de realizar.

Mesmo quando se dispõe somente da sala de aula, esse ambiente pode ser atrativo. Podem-se utilizar cores e formas que despertam a curiosidade e a concentração. Além disso, ter marcos do desenvolvimento da classe, produções de motivação à sociabilidade e projetos de interação da criança com a rotina escolar também contribuem.

Realizando as atividades em tempo adequado

O método de criar uma rotina também se mostra eficiente na criação de espaço para a autonomia das crianças. Saber a que horas se pode realizar cada atividade motiva a compreensão do sentido de limites e de ordem.

Essa prática ainda pode ser benéfica para fortalecer bons hábitos, como a ideia do momento mais adequado para a alimentação, para o descanso e para a higiene pessoal, contribuindo para que esses aspectos sejam menos negligenciados. Dessa forma, estabelecer uma relação entre atividade e tempo propicia o respeito às necessidades biológicas, físicas e socioemocionais da criança.

Proporcionando liberdade para a autonomia das crianças

A escola é um espaço de aprendizagem e, para que isso se concretize, esse lugar atende melhor as crianças ao criar um clima de incentivo à pesquisa, às descobertas e à experimentação.

A segurança que uma escola acolhedora e motivadora transmite pode ser um meio eficaz de eliminar a repressão e a censura, trazendo à tona o impulso da curiosidade, da criatividade e a vontade de tornar o conhecimento em algo palpável.

Uma criança que é motivada a ser parte do processo de ensino e aprendizagem por meio de consultas, de votações e de debates terá melhores chances de identificar-se no mundo real e ambientar-se de maneira mais tranquila na rotina escolar.

Orientando a família

Não é nova a ideia de que, quando a escola e a família caminham juntas, são maiores as possibilidades de ambas realizarem bem as funções sociais. Desse modo, a escola pode favorecer o pleno desenvolvimento da criança ao trazer para o ambiente toda a família e orientá-la em como proceder com o incentivo à autonomia.

Práticas para encorajar a autonomia

Ideias como a de que um erro pode ocorrer na busca pelo acerto e a de que é crucial que a própria criança realize suas tarefas são relevantes para efetivar o estímulo à autonomia.

Ofereça segurança e oportunidade para as crianças explorarem. Retire objetos perigosos e crie limites seguros, relaxe e permita que elas investiguem o mundo. Use distração, redirecionamento, ações gentis e firmes para orientar o comportamento da criança em vez de somente falar ou gritar. Permita que elas corram, escalem e desenvolvam músculos saudáveis em um lugar seguro. Reconheça a diferença entre o que a criança quer e o que ela precisa; você deve sempre responder às suas necessidades e, ao usar o bom senso sobre quando dar o que ela quer, ajudará a aprender caráter e habilidades de vida. Ensine habilidades de vida e ofereça supervisão cuidadosa. Ofereça escolhas limitadas (desde que todas sejam aceitáveis) – "Você quer vestir o pijama vermelho ou azul?". Seja gentil e firme. Acompanhe, fazendo aquilo que você realmente falou que faria. Foque em conexão, amor e relacionamento.

Além das citadas, outras formas de potencializar a autonomia das crianças podem ser praticadas nas escolas, e a melhor maneira de serem cada vez mais utilizadas é por meio do reconhecimento da importância.

Nesse sentido, essas ações não devem ser vistas como perda de tempo, mas sim como instrumentos que viabilizam tornar a escola um local no qual os limites da aprendizagem se expandem por onde houver algo a ser conhecido.

Autonomia saudável é o equilíbrio entre proteger as crianças e permitir que explorem e testem o mundo no qual vivem. Tenhamos em mente que, quando o ambiente escolar possibilita aos pequenos as tomadas de decisões, a construção coletiva de regras, os debates, a manifestação dos sentimentos (e como lidar com eles), as escolhas, a resolução dos conflitos e o respeito mútuo, tudo isso promove, intensamente, o desenvolvimento da autonomia na educação infantil.

Referências

DUFFY, R. A.; CHERYL, E.; NELSEN, J. *Disciplina Positiva para crianças de 0 a 3 anos: como criar filhos confiantes e capazes.* Barueri: Manole, 2018.

GESELL, A. *A criança de 0 aos 5 anos.* São Paulo: Martins Fontes, 2003.

MINISTÉRIO DA EDUCAÇÃO. Base nacional comum curricular (BNCC). Disponível em: <http://basenacionalcomum.mec.gov.br/abase/>. Acesso em: 09 nov. de 2022.

NELSEN, J. *Disciplina Positiva: o guia clássico para pais e professores que desejam ajudar as crianças a desenvolver autodisciplina, responsabilidade, cooperação e habilidades para resolver problemas.* 3. ed. Barueri: Manole, 2015.

POZATEK, K. *Educação valente: um guia de inspiração budista para formar crianças com resiliência emocional.* Rio de Janeiro: Lúcida Letra, 2017.

6

MINHA FILHA É UMA ADOLESCENTE LGBTQIAP+. E AGORA?

Em se tratando de assunto tão sério, compartilho com vocês, pais, minha experiência pessoal e reflexões a respeito da importância do acolhimento e compreensão em relação à orientação sexual dos nossos filhos. É por meio de um ambiente familiar acolhedor que eles serão direcionados para um desenvolvimento de competências e habilidades essenciais para se tornarem adultos saudáveis. Ao mesmo tempo, é fundamental compreender que todo ato de educar começa em si mesmo, com o autoconhecimento. Afinal, como enxergar o outro enquanto não olhamos para nós mesmos? Será que o que tem incomodado você não é algo que ainda não se resolveu no próprio interior?

ELAINE CARNEIRO MARQUES

Elaine Carneiro Marques

Contatos
elainecm40@gmail.com
62 98448 4430

Licenciada em Língua Inglesa e especialista em Formação de Professores – Área de Concentração: Educação Infantil-PUC. Professora de Inglês da rede pública e particular. Formação em Educação Socioemocional e Vivências Socioemocionais para Professores – Instituto Ser Educativo. Formação em Educação e Parentalidade Encorajadora®. Facilitadora do programa Encorajando Pais®. Formação em Disciplina Positiva em Sala de Aula – *Positive Discipline Association*-PDA. Mãe de adolescente LGBTQIAP+.

*A maneira de tratarmos nossos filhos muda quem
eles são e como se desenvolvem.*
DANIEL J. SIEGEL & MARY HARTZELL

Quando decidi realizar o curso em Educação e Parentalidade Encorajadora®, eu buscava o autoconhecimento e ferramentas que me ajudasse na educação da minha filha. Nunca imaginei fazer parte desse projeto, meio pelo qual tenho a oportunidade de compartilhar o meu aprendizado com outras famílias que enfrentam situação parecida com a minha. Afinal, eu também necessitava de informação e acolhimento para compreender e aceitar a orientação sexual da minha filha, bem como curar minhas próprias dores.

Desde muito cedo, suspeitei que minha filha era homossexual. Ela foi crescendo e eu observando suas preferências: nas brincadeiras, no jeito de vestir, no que a deixava feliz. Com o passar do tempo, fui confirmando minhas desconfianças e tentando compreender e aceitar toda aquela dinâmica. Meu coração se preocupava. Quanto sofrimento ela poderia enfrentar por causa do preconceito? E quanto às expectativas e sonhos idealizados por mim mesmo antes da concepção dela? A princípio, tentei não pensar. Não olhar para a questão. Eu precisava de ajuda. Afinal, era necessário a realização do luto da filha idealizada e isso não se consegue no estalar dos dedos, nem sabia como fazer. Era um processo. Por certo, necessitava de conhecimento e de tempo para mudanças.

O termo LGBTQIAP+ engloba todo o público: lésbicas, gays, bissexuais, transexuais, travestis, transgêneros, queer, intersexuais, assexuais, pan e mais. Você sabia que a homossexualidade era considerada uma doença mental pela Organização Mundial de Saúde (OMS)? A homossexualidade só foi retirada da Classificação Internacional de Doenças (CID), pela Assembleia-geral da OMS em 17 de maio de 1990. Em 1991, a Anistia Internacional passa a considerar violação aos direitos humanos a discriminação contra homossexuais.

Elaine Carneiro Marques

"A homossexualidade não constitui doença, nem distúrbio, nem perversão", declarou o Conselho Federal de Psicologia à época. Você consegue imaginar seu filho sendo tratado como um doente mental, mesmo sendo uma pessoa saudável? Eu? Em hipótese alguma.

Com o passar do tempo, fui percebendo que me distanciava cada vez mais da minha filha. Compreendi que poderia ter um olhar diferente para a dor que sentia. Mas para isso era preciso conhecimento. Conhecimento este que eu não possuía. Entretanto, eu precisaria olhar para mim primeiro. Seria dessa maneira que eu poderia construir uma conexão maior com ela. O que eu fiz? Fui buscar o autoconhecimento, busquei ajuda profissional, chorei, estudei, chorei, conversei com pessoas, chorei, dividi minhas angústias, me acolhi. Hoje, estou aqui para compartilhar com vocês um pouco do que aprendi. Agradecendo cada oportunidade que tenho, pois é um novo aprendizado a cada dia e o amor só aumenta.

Eu adoraria ter encontrado um manual colorido que me ensinasse como agir, que tirasse todas as minhas dúvidas, oferecendo garantias de felicidade futura, sem preconceito, reduzindo a vulnerabilidade. Que algum estudioso em educação tivesse criado algum método para desfazer todo e qualquer conflito entre pais e filhos, e que estes só fariam boas escolhas e ficariam em segurança. Mas o que encontrei foi apenas a certeza de que não existem fórmulas para orientar nossos filhos de maneira correta.

Todavia, é importante você agir como o adulto que quer que seus filhos se tornem um dia. O exemplo é a melhor forma de ensinar. Então, seja sincero, fale dos seus sentimentos, seja imperfeito, flexível, aberto ao diálogo, mostre que você se importa, que o amor é o mais importante, ensine seus valores. Aprendi que, o que os pais sentem em relação aos filhos e como interagem com eles é fundamental para o desenvolvimento saudável do ser humano. Geralmente, quando recorremos naturalmente pelos nossos cuidadores em busca de carinho e proteção, e encontramos fonte de terror ou rejeição, procuramos bloquear e ignorar o que sentimos. O que nos leva a buscar meios alternativos de lidar com a sensação de medo, fúria ou frustração. Lidar com o terror sem ajuda origina outro conjunto de problemas: dissociação, desespero, consumo de drogas, sensação crônica de pânico, relacionamentos marcados por alienação, desconexão e explosões.

Entenda, ser homossexual não é uma opção. Nossos filhos precisam do amor, do respeito e do apoio da família. Nós, pais, fazemos o nosso melhor para nossos filhos, dentro do conhecimento que possuímos. Será que é suficiente o conhecimento que possuímos? Não há dúvidas de que é primordial a busca pelo aprendizado no assunto. Que tal entrar em contato com outras famílias que passam pela mesma situação? Trocar informações e experiências? Participar de algum grupo de ajuda mútua entre pais e de apoio aos filhos? Não conhece algum? Crie um.

É claro que cada um de nós tem a própria história, e ela influencia a nossa percepção de mundo. O que deu certo para mim pode não dar certo para você. É um passo de cada vez. E nós, pais, podemos e devemos expressar nossos sentimentos, sermos sinceros e pedir desculpas, pois os filhos precisam de pais encorajadores e não de pais perfeitos.

Saiba que é essencial para todo ser humano o sentimento de ser amado e a sensação de pertencimento. Se os filhos não sentirem o pertencimento dentro das próprias famílias, eles se sentirão inseguros e buscarão pertencimento em outros lugares, que poderá ser no uso de drogas, no alcoolismo, nas más companhias. Pensando nisso, como poderia não aceitar minha filha?

Mas e se eu tentasse mudá-la? E se fizesse que ela atendesse minhas expectativas e agisse como eu gostaria, subjugando-a, com chantagens emocionais, com autoritarismo? Com certeza os resultados seriam desastrosos. Imaginem nossos filhos fingindo a vida toda ser o que não são? Escondendo relacionamentos, tendo vida dupla? Ou ainda se fingirmos que nada está acontecendo? Isso só traria mais angústia, dor e desconforto. Um abismo entre pais e filhos.

Ficarmos alheios a essas questões também não é a solução. Vamos nos colocar no papel de adultos que somos. Nossos filhos precisam saber que estamos aqui para apoiá-los e darmos o suporte necessário para que saibam que nós, pais, somos um porto seguro. Para isso, é fundamental nos conectarmos com eles e compreendermos suas limitações, bem como as nossas.

É evidente que ninguém muda ninguém, nós apenas mudamos a nós mesmos. Mudamos nosso olhar, nossas ações, nossos pensamentos. O importante são os diálogos sinceros, estar mais presente na vida dos filhos, sendo pais mais amorosos, firmes e não tão permissivos. Tente se conectar, crie vínculo, deixe de ser crítico, ditador, agressivo, dono da verdade, pois isso acaba invalidando seu filho, fazendo-o pensar que é incapaz e inadequado para a vida.

Pais e filhos experimentam igualmente momentos difíceis, os quais não devem ser minimizados nem desprezados. O diálogo deve ser sempre guiado pelo amor e respeito, sem os quais não se tornam possíveis os ajustamentos necessários diante das provas. O amor representa o resultado das virtudes que impulsiona o equilíbrio, a paz e a saúde das relações.

Não há dúvidas de que nós, pais, precisamos ter clareza de que nossos filhos precisam ser aceitos na sua totalidade, independentemente da sua orientação sexual. Assim como todo ser humano. É fácil? Tenho certeza de que não. Afinal, a crítica à homossexualidade já está automatizada em grande parte da sociedade.

A responsabilidade da família perante o homossexual é grande, como deve ser diante de qualquer outra necessidade de um filho. É nosso dever, enquanto pais, abraçar com amorosidade o filho homossexual, compreendendo sua natureza, suas possibilidades e seus desafios, auxiliando-o para que viva de maneira harmoniosa. A orientação sexual é específica de cada um, e somente a própria pessoa pode responder por ela. O importante é o caráter e a postura digna com que se honra a vida. Nesse sentido, vamos voltar nossa atenção para os verdadeiros valores. Se você não consegue nesse momento, busque ajuda para conseguir em um futuro próximo.

Indubitavelmente, muitos homossexuais não encontram no lar o acolhimento que necessitam, sendo expulsos de casa ou tratados com desprezo e preconceito, o que aumenta o sofrimento e a dificuldade de adaptação. Quando são educados desde pequenos em lares discriminatórios, na maioria das vezes, os filhos aprendem a negar seus desejos, interesses, gostos e tendências, desenvolvendo a autorrejeição e a negação de seus sentimentos. O que, consequentemente, faz que caminhem para a depressão, automutilação, vícios, prostituição ou até mesmo o suicídio.

Dessa forma, é evidente que o processo de formação de identidade é profundamente comprometido, influenciando a capacidade de amar e ser amado. Mais precisamente, o acolhimento da família é crucial no sentido de auxiliar o filho a se aceitar e se amar tal qual é, de modo natural, espontânea e verdadeira, sentindo-se digno de respeito e amor, o que fará que busque relações que lhe fortaleça o autoamor, a felicidade e o progresso.

O indivíduo homossexual pode viver um caminho de construção do amor, de liberdade, autenticidade e plenitude, assim como o heterossexual. Entretanto, o homossexual precisa se reconhecer um ser digno de amor e de amar. Terá que garantir sua individualidade diante de si mesmo, assumindo seus desejos e interesses, cuidando da relação com a família, com a sociedade e suas convicções. Não existe uma resposta certa ou pronta. Acredito que devemos buscar pelas respostas em nós mesmos, em um processo de autoconhecimento guiado pelo autoamor e pela fidelidade a si mesmo e aos compromissos da alma.

Refletindo sobre o que disse a psicóloga Bianca Ganuza (2011):

> Quando buscamos adaptar o mundo e as pessoas aos nossos padrões pessoais de realidade e verdade, sem estarmos alinhados com uma postura humilde, corremos o risco de cometer grandes equívocos. [...] As diferenças são um recurso divino, capazes de enriquecer a experiência do ser espiritual em direção à plenitude.

A meu ver, não devemos perder a oportunidade maravilhosa de crescimento que a riqueza da diversidade oferece. Não devemos perder a oportunidade de aprendermos e crescermos com os nossos filhos homossexuais. Creio que um olhar frio, a indiferença, o tratamento segregador são mais letais do que qualquer coisa. É vital que as famílias tenham um olhar diferenciado para seus filhos, que tenham o cuidado de orientá-los quando perceberem uma homofobia internalizada, um preconceito interno. Em outras palavras, sentimentos de negação e autorrejeição de si mesmos desmontarão a capacidade de amar e ser amado, levando à violência, ao transtorno do humor e da afetividade.

Assim sendo, nós, pais, deveríamos adotar a postura do "eu não sou perfeito e não estou sempre certo, mas estou aqui, aberto, prestando atenção, amando-o e estando completamente presente". Afinal, assim como nós, nossos filhos querem ser valorizados e aceitos. Vale lembrar que ser aceito é estar em um lugar onde se quer estar e os outros o querem lá. Ser aceito é ser admirado pelo que você é.

Segundo Brené Brown (2016), somos moldados por nossa família de origem, quando se trata de sentimentos de amor, aceitação e valorização – pelo que escutamos, pelo que nos contam e, talvez o mais importante, pela maneira como vemos nossos pais se relacionarem com o mundo.

Concordo com Brené quando ela menciona que a criação dos nossos filhos deve ter como objetivo: a valorização, o amor e a compaixão por si mesmo e pelos outros ao se relacionarem com o mundo; o acolhimento de suas imperfeições e vulnerabilidades; a valorização do trabalho, da perseverança e do respeito; o desenvolvimento do sentimento de autenticidade e aceitação dentro de si, em vez de procurar isso do lado de fora; a coragem de serem vulneráveis e criativos; não sentir medo de passar vergonha ou sofrer rejeição se forem diferentes ou se estiverem em dificuldades; como também a coragem e a flexibilidade para viver neste mundo de mudanças rápidas.

Com intenção respeitosa e sem julgamento, trouxe este assunto sério para promover reflexões e acolhimento a todos nós, pais, uma vez que estamos inseridos em uma sociedade que deve buscar uma compreensão maior da sexualidade humana, sempre com muita consideração e seriedade. Acredito ser insignificante para um Deus perfeito sermos homossexual, heterossexual, bissexual ou transgênero.

Acredito no conhecimento como luz que ilumina nossas vidas, como libertação e independência. Precisamos trilhar o difícil caminho do autoconhecimento se desejamos conhecer e compreender o próximo. Não há evolução sem conhecimento. Então, desejo a você, leitor, disposição, coragem e fé para trilhar este caminho que, com certeza, o levará ao progresso, à evolução pessoal e espiritual.

Referências

BROWN, B. *A coragem de ser imperfeito*. Rio de Janeiro: Sextante, 2016.

GANUZA, B. *Reciclando a maledicência: educação emocional para a promoção do bem dizer*. Belo Horizonte: Dufaux, 2011.

KOLK, B. V. D. *O corpo guarda as marcas*. Rio de Janeiro: Sextante, 2020.

MOREIRA, A. *Homossexualidade: sob a ótica do espírito imortal*. Belo Horizonte: AME, 2012.

SIEGEL, D. J.; HARTZELL, M. *Parentalidade consciente*. São Paulo: nVersos, 2020.

VIEIRA, P.; BRAGA, S. *Educar, amar e dar limites: os princípios para criar filhos vitoriosos: tudo que você precisa saber para promover a melhor educação emocional para seus filhos na 1ª infância e sempre*. São Paulo: Editora Gente, 2021.

7

É POSSÍVEL CRESCER SEM TRAUMAS?

A busca pelo desenvolvimento saudável das crianças parece inerente à parentalidade, assim como o receio em traumatizar os filhos. A reflexão sobre quanto é possível crescer sem traumas se constrói no entendimento das condições protetivas para a saúde mental na primeira infância, o que é o trauma e como os pais podem vivenciar a parentalidade a partir dessa compreensão.

FERNANDA CAÑETE VEBBER

Fernanda Cañete Vebber

Contatos
fernandavebber@gmail.com
Instagram: @fernandacanetepsi
54 99105 2841

Psicóloga integrativa graduada pela PUC-RS (2002). Mestre em Educação (UFRGS). Pós-graduada em Psicopedagogia Clínica e Educacional e em Orientação Educacional. Psicoterapeuta EMDR, com formação em Constelações Sistêmicas. Experiência em Psicologia Clínica e Educacional. Facilitadora de grupos terapêuticos (PATHWORK). Consultora em encorajamento (EC/USA). Educadora parental certificada em Disciplina Positiva (PDA/USA). Facilitadora certificada do programa Encorajando Pais. Coautora do livro *Encorajando pais: práticas para educar crianças e adolescentes confiantes e capazes*.

Como não traumatizar meu filho? Este é um questionamento recorrente entre os pais que anseiam por acertar ao máximo e proporcionar condições para o desenvolvimento saudável dos filhos. E seria tão mais fácil se pudéssemos vivenciar a parentalidade seguindo um passo a passo com garantias sobre que adulto nosso filho se tornará. Ao questionarem-se, pais manifestam sua intenção genuína de não traumatizar. Mas quanto isso é possível?

Convido-os para a reflexão sobre essa questão, sem a pretensão de respondê-la, apresentando referenciais norteadores sobre trauma e condições protetivas no desenvolvimento humano para a saúde mental.

Sabemos que o que nos constitui como indivíduo, nossa personalidade, se desenvolve na interação das bases genéticas herdadas que definem o temperamento, dos cuidados parentais nos primeiros anos de vida, do nível de necessidades emocionais básicas e das experiências afetivas, cognitivas e comportamentais do ambiente em que crescemos.

Na perspectiva da criança em desenvolvimento, a maneira como ela percebe e interage com os outros vai construindo suas memórias que também embasam as características de sua personalidade. O desenvolvimento saudável de uma criança resulta da experiência otimizada dessa interação. Vamos compreender alguns desses elementos.

Segundo o modelo dos cinco fatores da personalidade, o temperamento se manifesta por cinco fatores: extroversão/introversão, amabilidade/nível de socialização, conscienciosidade/vontade de realização, neuroticismo/estabilidade emocional e abertura à experiência. O conhecimento sobre o temperamento dos filhos auxilia os pais em escolhas mais assertivas, que funcionem melhor para cada criança.

O apego, o vínculo com nosso primeiro cuidador, geralmente a mãe, tem um impacto significativo sobre a saúde mental, os relacionamentos futuros e o desenvolvimento do nosso cérebro. É nossa primeira base, traz um senso de proteção para explorarmos o mundo. Presença, acessibilidade e responsividade são as variáveis que contribuem para a qualidade da formação desse vínculo primário.

O estudo do psicólogo Harry Harlow, em 1958, demonstrou que o vínculo do bebê com a mãe não acontece só para buscar alimento, mas também para satisfazer a necessidade de se sentir aconchegado. O experimento evidenciou que nos corregulamos no apego, ou seja, na presença do outro, do seu tom de voz, toque, olhar; na troca emocional com o outro, nos tranquilizamos.

A conexão, este estado empático, com troca afetiva recíproca contínua, traduz uma forma de interação que é descrita por estudiosos do desenvolvimento infantil como fator essencial para a parentalidade competente (GOTTMAN, 1997; WINNICOTT, 1994). As condições desse apego seguro[1] na infância incluem a capacidade do cuidador em perceber as necessidades da criança e de responder qualitativamente de maneira apropriada, rápida e consistente, em reagir às buscas de proximidade da criança de maneira acolhedora, olhar a criança com amor e estar em sintonia com seus estados emocionais demonstrando empatia (CORI, 2018).

Segundo Jeffrey Young e Janet Klosko (2020), as crianças nascem com cinco necessidades emocionais que precisam ser supridas na medida certa pelos seus cuidadores para seu desenvolvimento psicológico satisfatório. Uma criança necessita ter um ambiente onde se sinta segura, viver um senso de conexão e reconhecimento de competência acerca de suas habilidades para lidar com as responsabilidades da vida, uma boa autoestima que vem da sensação de ter sido amada e respeitada na infância, ter liberdade para se expressar e receber limites. Conforme não são supridas, surgem padrões de funcionamento que seguem por toda vida.

Sim, em alguma medida, falharemos, não intencionalmente, mas porque é improvável a plena satisfação de todas as necessidades emocionais. A atenção recai ao limiar de erros para que não ultrapassem a medida de gerar dúvidas na criança sobre a sobrevivência.

E o trauma, o que é?

Gabor Maté, no documentário "A sabedoria do trauma", afirma que as crianças não se traumatizam porque se machucam, mas porque ficam sozinhas com suas feridas. "Trauma não é o que nos acontece, mas o que retemos

---

[1] Esse termo vem da Teoria do Apego criada por John Bowlby e Mary Ainsworth. Essa teoria é alicerce em abordagens integrativas em Psicologia, como a Terapia do Esquema e a Terapia EMDR.

dentro de nós na ausência de uma testemunha empática". Ele ocorre quando somos incapazes de nos mover plenamente pelas reações físicas e emocionais da experiência dolorosa, algo fica represado. O senso de confiança básica no outro é afetado. Perde-se a noção de que o outro estará presente quando for preciso, e a criança experimenta desamparo e desorientação.

Experiências perturbadoras, como um trauma, sobrecarregam o funcionamento do sistema de processamento de informação adaptativo do cérebro. A memória da situação permanece armazenada em sua forma original, não processada (SHAPIRO, 2015). Um trauma não se restringe a algo terrível que aconteça, como um acidente; é uma ocorrência que pode ser causada inclusive por acontecimentos aparentemente benignos. O trauma é uma experiência de vida que pode levar ao transtorno de estresse pós-traumático.

Alguns sinais que podem indicar se uma criança está traumatizada são (LEVINE, 1999): comportamentos persistentes de controle; regressão a padrões de comportamentos anteriores; ataques incontroláveis de raiva; hiperatividade; tendência a se assustar facilmente, terrores noturnos ou pesadelos recorrentes, agitar-se durante o sono, molhar a cama; incapacidade de se concentrar na escola, esquecimento; timidez ou agressividade excessivas, retraimento ou medo; necessidade extrema de abraçar; dores de estômago, dores de cabeça ou outros sintomas de origem desconhecida; qualquer comportamento incomum que apareça após um episódio muito assustador ou um procedimento médico; gestos repetitivos, compulsivos, que podem, ou não, ser uma repetição literal do trauma.

Vimos a complexidade que envolve o desenvolvimento humano. Tantas variáveis tornam impossível não nos questionarmos: afinal, é possível não vivenciar traumas na infância?

Ainda que a experiência da parentalidade abranja muito mais que o entendimento sobre o que nos ensinam as teorias e a aplicação de estratégias educacionais, afinal, estamos emocionalmente envolvidos, o estudo sobre o desenvolvimento infantil e o comportamento humano são diferenciais na educação dos filhos.

Já que a personalidade da criança está se constituindo e é influenciada por suas experiências continuadas de vida, autoeducar-se para tomar consciência sobre as condições de interação com os filhos é um percurso que nos desafia em diferentes aspectos: empenho em autoconhecimento, estudo sobre os efeitos em longo prazo da interação que nos dispomos a criar e constituirá o ambiente de vida da criança e, sobretudo, considerar as limitações como pais por tudo aquilo que não depende de nós, seja pelo que compete a individualidade do ser que geramos e/ou pelo que a história transgeracional e sistêmica trará de informação na geração de um filho. Vale lembrar também que a desconexão de nós mesmos aumenta a dificuldade em identificarmos as necessidades emocionais dos filhos. A nossa desconexão pode ser compreendida desde a não estarmos disponíveis emocionalmente e presentes ao quanto também estamos desencontrados de nós mesmos.

O conhecimento nos orienta a não gerar uma situação, um contexto, que já reconhecemos como traumático. Ao mesmo tempo, não temos controle sobre o imprevisível. É importante sermos pais possíveis e reais. Sobretudo, não há como ter domínio acerca da internalização de mundo do outro. O que uma criança apreenderá de uma experiência, as decisões inconscientes dela sobre o que percebeu, sentiu, pensou, não há como prever.

Ainda que nos acompanhe o pensamento sobre quanto seja possível evitar que "algo" doloroso, traumático, aconteça aos filhos, porque os amamos e desejamos verdadeiramente ajudar a gerar uma vida bem-sucedida, a parentalidade nos faz também lidar com o desconhecido, estamos lidando a cada transição de fase de desenvolvimento com mudanças.

A busca pela excelência na parentalidade, na tentativa de evitar o sofrimento dos filhos, é um desejo legítimo, mas também pode privar a criança de explorar com autonomia experiências necessárias para seu desenvolvimento. A superproteção pode encobrir o medo inconsciente dos pais de se depararem com as próprias dores, da própria criança ferida, de um trauma que ainda os assombra. Ilusoriamente, se meu filho não sofrer, eu estarei a salvo. "Eu não desejo que o meu filho carregue a dor do que eu vivi na infância". Como pais, superprotegemos para também nos proteger. O cuidado excessivo com o outro é um cuidado para si. O caminho resolutivo é justamente o de os pais tratarem o próprio trauma para liberar a criança dos seus medos projetados. E isso traz muito alívio para a criança e toda a família.

Quando olhamos para trás, com a consciência de agora, considerando que deveríamos ter agido de outra forma, experimente ser autocompassivo, gentil e compreensivo consigo, sendo seu melhor amigo. Acolha sua imperfeição humana. De fato, é difícil ser pai e mãe. Podemos extrair da experiência que tudo foi como havia de ser, de acordo com a consciência e o conhecimento que tínhamos, de quem éramos. A partir dela chegamos à consciência de agora. Experimente dizer, com intenção sincera de seu coração, sim ao que foi e do jeito que foi. E com o olhar ampliado de hoje, siga intencionalmente dando seu melhor.

O apego seguro é a condição de desenvolvimento que protege do trauma e à possibilidade de adoecimento. A prevenção acontece diariamente quando estamos disponíveis afetivamente, prontos para sentir com os filhos, ser o suporte da criança para experimentar sozinha fazer escolhas, torcendo por ela. Quando ajudamos os filhos a lidar com as frustrações e as expressões das emoções, oferecendo limites, apresentando regras e passando orientações, validamos a expressão das necessidades deles, ensinando-os a considerar as necessidades dos outros. Valorizando a espontaneidade, ensinando o equilíbrio entre prazer e dever, estimulando momentos de diversão e felicidade.

Ainda assim, segundo Levine (1999), em algum momento da vida, teremos alguma experiência traumática. Inclusive uma criança pode demorar a manifestar sintomas relacionados a um acontecimento desencadeante de um trauma, visto que o sistema nervoso em amadurecimento é capaz de controlar o excesso de energia. Considerando que os nossos sentidos são vias de acesso ao registro de memórias, podemos ser seletivos em relação ao que desejamos que os filhos tenham acesso e buscarmos inclusive criar memórias afetivas. Ao mesmo tempo, como as ligações de memórias acontecem automaticamente, no nível inconsciente, é provável que não tenhamos a mínima ideia das forças que realmente comandam o "espetáculo da vida" (SHAPIRO, 2015).

E o que fazer se reconheço que há trauma?

Ainda que seja mais fácil prevenir, o trauma pode ser curado. Enquanto uma experiência de vida, confiamos na neuroplasticidade e em intervenções terapêuticas que tratam de traumas, como a terapia EMDR, validada como uma abordagem baseada em evidências e recomendada pela Organização Mundial da Saúde.

Sábios, os pais que vivenciam a parentalidade com leveza, comprometidos com a busca de informação e autoconhecimento, jamais com resignação ao que as crianças manifestam ou deixando ao tempo a solução para o que requer ação durante o desenvolvimento.

Referências

BOWLBY, J. *Formação e rompimento dos laços afetivos*. 3. ed. São Paulo: Martins Fontes, 1997.

CORI, J. L. *Mãe ausente, filho carente*. 2. ed. Barueri: Manole, 2018.

GOTTMAN, J. *Inteligência emocional e a arte de educar nossos filhos*. 27. ed. Rio de Janeiro: Objetiva, 1997.

HARLOW, H. *The nature of love*. Wisconsin: The American Psychologist, 1958. pp. 672-685.

LEVINE, P. A. *O despertar do tigre*. São Paulo: Summus Editorial, 1999.

MATÉ, G. *A sabedoria do trauma*. Disponível em: <https://thewisdomoftrauma.com/>. Acesso em: 09 nov. de 2022.

SHAPIRO, F. *Deixando o seu passado no passado*. Brasília: Traumaclinic Edições, 2015.

WINNICOTT, D. *Os bebês e suas mães*. São Paulo: WMF Martins Fontes, 1994.

YOUNG, J. E.; KLOSKO, J. S. *Reinvente sua vida*. Novo Hamburgo: Sinopsys, 2020.

8

A PARENTALIDADE COMO INSTRUMENTO DE INIBIÇÃO DA ALIENAÇÃO PARENTAL

Este capítulo tem como objetivo apresentar aos pais e familiares informações acerca da prática da alienação parental, suas consequências, formas de enfrentamento e de que forma a parentalidade pode ser um elemento irradiador da transformação na vida das famílias disseminando conhecimento, reflexões e estímulos às boas práticas.

LILA CUNHA

Lila Cunha

Contatos
Instagram: @separacaopositiva
separacaopositiva@gmail.com
21 99133 8293

Psicóloga, mestre em Psicologia Social (PUC-SP), especialista em Mediação de Conflitos com Ênfase em Família (UCAM-AVM/RJ). Especialista em Psicologia para o Magistério Superior (UNIVALI-SC), extensão e aprimoramento em Alienação Parental (PUC/RJ). Educadora parental certificada pela Positive Discipline Association (PDA/USA). Certificação em Parentalidade e Educação Positivas pela Escola da Parentalidade Positiva (Portugal). *Expert Parent Coach* certificada pela Parent Coaching Brasil (SP). Facilitadora do programa Encorajando Pais®. Mediadora de conflitos sênior certificada pelo Nupemec/Tribunal de Justiça-RJ. Capacitação teórica em Mediação de Conflitos pelo Mediare/RJ. Expositora das oficinas de divórcio e parentalidade, certificada pelo Conselho Nacional de Justiça. Idealizadora do projeto Separação Positiva, que tem como objetivo ajudar pais separados a enfrentar e resolver os conflitos de maneira pacífica, e a lidarem positivamente com os filhos.

Como podemos esperar que as nações se entendam, se não formos capazes de nos entender em nossa própria casa? Se quisermos um mundo melhor e mais seguro, então devemos começar pela nossa família.
NAOMY DREW

Naomy Drew é uma educadora norte-americana, autora com quem compartilho 100% de três pressupostos: 1) a paz mundial começa com cada um de nós; 2) defender a paz significa cuidar de nós mesmos, dos outros e do mundo à nossa volta; 3) para um conflito ser de fato resolvido, é preciso que pelo menos uma das pessoas deseje realmente encontrar alternativas de soluções para a situação.

Diante disso, me reconheço em seu trabalho e corroboro com a ideia de que ensinar a paz social é uma missão, assumir um compromisso com a não violência é um dever e, que devemos ensinar as crianças que a paz pode ser aprendida e aprender com elas.

Para cumprir a missão de semear a paz e chegar até você, quero transmitir nestas linhas o que faço e proclamo no meu dia a dia. Penso que o lugar do psicólogo está um promover a reflexão para proporcionar as transformações. Quando reflito sobre a transformação, penso na esfera pessoal e nas responsabilidades do Estado, do Governo e das políticas públicas e, no outro lado da ponta, a do cuidado, onde tudo começa: nas famílias.

E me refiro as famílias de pais separados, que integram a diversidade das configurações familiares e dos lugares que os pais e mães ocupam hoje na sociedade. Não são poucas as vezes que esses pais têm dificuldade de seguir em frente. Sofrem porque nem sempre a separação emocional acompanha a separação legal, porque é difícil lidar com as perdas, e buscam no sistema jurídico uma direção.

E por que decidi escrever para esses pais? Porque sei que esse caminho da justiça é desgastante e quando envolve separação conflituosa em uma família, é raro haver vencedores. A caminhada é longa, ruidosa e o litígio uma vez judicializado dá lugar a um processo, e em sequência, uma sentença. E é ao longo desse caminho que muitas vezes o conflito pode se transformar em uma forma de não separação, em que os vínculos são perpetuados e mantem-se a união pelo ódio. A consequência disso é o sofrimento psicológico e a possibilidade de tornar as crianças e adolescentes invisibilizadas como objetos dos pais, necessitando do auxílio dos agentes de proteção (juízes, promotores, advogados, psicólogos, assistentes sociais etc.) para dar-lhes direção.

Em muitos desses processos que tramitam nas Varas de Família, observa-se que, quando um dos cônjuges não está de acordo com o processo de separação ou com a conduta do ex-cônjuge, os conflitos muitas vezes são acompanhados por um rastro de rancor e vingança que evolui para a falta de comunicação, dificuldade de focar nas soluções em conjunto, um campo de batalha em que o filho está no centro da situação conflituosa – por vezes, já tendo perdido o seu direito à ampla convivência familiar – e, consequentemente, o seu pleno desenvolvimento.

E o que isso significa? Os relacionamentos conflitivos de ex-cônjuges, e seus efeitos, nunca foram uma novidade. Apresentam consequências não só sobre os adultos, mas também sobre crianças e adolescentes. E algumas provocadas de forma consciente ou inconsciente. Por isso, pode ser que sim, pode ser que não, pode ocorrer de um pai, mãe ou avó/avô alienar. É importante entender do que se trata.

Pais e mães representam o universo de uma criança. São as referências de pertencimento, segurança física, material, emocional e afetiva para os filhos. Ambos os pais são exemplos. Os filhos costumam absorver as atitudes dos pais e todo o repertório de informações e comportamentos que o acompanharão na vida deles.

Quando nem tudo são flores nessa arena conflituosa, um dos pais pode começar a falar mal do outro para o filho – que o pai, ou mãe, não presta; que ele/ela o esqueceu, que os abandonou; que a vida será melhor sem a presença dele/a; que não deixará o filho passar finais de semana com o outro genitor; que lugar de filho é ao lado da mãe; que vai mudar de cidade e não deixar endereço; se não serviu como cônjuge, não servirá como pai/mãe e por aí vai. Pode ouvir de avôs/avós, tios ou outros familiares repetirem as mesmas palavras ou ainda endossá-las de maneira direta ou indireta.

É a partir daí que a criança ou adolescente passa a sentir um vazio, tristeza, angústia, medo e sem saber como agir, acaba aliando-se a quem pratica o jogo da manipulação, sem demonstrar culpa em repudiar o outro genitor, negando qualquer tipo de influência para assim agir. Inicia-se aí um processo nocivo, com inúmeros aspectos que podem ter consequências de ordem física e/ou psíquica, que nem sempre são manifestadas na infância devido à resiliência da criança, dado aos fatores de proteção como a escola, o relacionamento com a vizinhança e demais membros familiares podem exercer.

De acordo com a Lei n. 12.318/2010, o ato de Alienação Parental é a "interferência na formação psicológica da criança ou do adolescente promovida ou induzida por um dos genitores, pelos avós ou pelos que tenham a criança ou adolescente sob a sua autoridade, guarda ou vigilância para que repudie genitor ou que cause prejuízo ao estabelecimento ou à manutenção de vínculos com este". A vítima recebe a designação de alienado. E quem pratica é o alienador, e a lei traz um rol exemplificativo dos atos que os adultos podem praticar:

1. desqualificar um dos genitores;
2. dificultar o exercício da autoridade parental;
3. dificultar o contato da criança ou adolescente com genitor;
4. dificultar o exercício do direito regulamentado de convivência familiar;
5. omitir deliberadamente ao genitor informações pessoais relevantes sobre a criança ou adolescente, inclusive escolares, médicas e alterações de endereço;
6. apresentar falsa denúncia contra o genitor, contra familiares ou contra avós para obstar ou dificultar a convivência deles com a criança ou adolescente;
7. mudar o domicílio para local distante, sem justificativa, visando dificultar a convivência da criança ou adolescente com o outro genitor, familiares ou avós.

Esses atos ferem o direito fundamental da criança ou do adolescente, pois o direito à integridade psicológica e da ampla convivência e transmissão familiar de suas crenças e culturas são garantidos desde a Constituição Federal de 1988 e pelo Estatuto da Criança e do Adolescente de 1990. O não cumprimento da lei incorrerá em medidas coercitivas para a preservação da integridade psicológica da criança e do adolescente como também para a garantia dos demais direitos.

Ademais, as leis complementares à proteção da criança e do adolescente (Leis 13.280/10, art. 3º e Lei 13.431/2017, art. 4º) compreendem que a alienação parental é prática de abuso moral e violência psicológica, respectivamente, pois prejudica a vinculação de afeto na relação da criança com seus genitores, sendo estas uma das diversas formas de violência psicológica intrafamiliar. Mais recentemente, a Lei Henry Borel (Lei 14.344/2022, art.3º) estabeleceu um novo agravante: a violência doméstica e familiar contra a criança e o adolescente constitui uma das formas de violação dos direitos humanos.

Isso tem impactado não só os lares, como também o sistema judiciário que recebe as famílias que procuram por uma resolução. Medidas foram, e estão sendo dadas, no enfrentamento dessa questão nos Centros Judiciários de Soluções de Conflitos e Cidadania. Primeiro, com a realização de sessões de mediação e conciliação com o objetivo de que as partes em desacordo possam rever seus posicionamentos, buscar soluções de benefício mútuo por meio do diálogo, preservar o relacionamento familiar e evitar maior desgaste emocional. Segundo, com a realização das Oficinas de Divórcio e Parentalidade, que são direcionadas às famílias com o intuito de transmitir informações pertinentes quanto a ruptura dos laços conjugais, as dificuldades inerentes a essa fase, o direito de convivência, a alienação parental e as consequências dos conflitos familiares para os filhos.

Waquim e Barbiero (2021) avançam na argumentação das políticas públicas e sustentam que há medidas coercitivas na lei da alienação parental, contudo, sem um apoio considerável do Poder Público para a compreensão do que é o exercício saudável da parentalidade. As autoras propõem a educação parental como ferramenta de proteção integral. Apresentam fundamentos para a inclusão do tema da Alienação Parental na agenda de políticas públicas, por meio de programas e ações de educação parental.

Fundamentadas pelos resultados de pesquisa de doutorado de Bruna Barbieri Waquim, advogada e educadora parental, sugerem a criação de um Plano Nacional de Educação Conjugal e Parental com dez eixos de atuação, a ser replicado nos estados e municípios como uma política pública para capacitar casais que pretendem casar-se, mães, pais e demais familiares para que possam ser esclarecidos sobre os papéis de cada um como par conjugal e par parental, habilitando-os a um melhor enfrentamento da função parental e prevenção das diversas formas de abuso e violências no contexto familiar.

É importante que pais e mães saibam que o fenômeno da alienação parental sempre existiu e não nasceu com a introdução da lei. É um fenômeno familiar não restrito ao relacionamento pais e filhos, porém é preocupante na situação de pós-separação ou divórcio pelas consequências nefastas na vida dos filhos, entre outros: adultos com mais tendência ao uso de álcool e drogas, risco de cometer suicídio, depressão, ansiedade, alto sentimento de culpa, baixa autoestima, dificuldades no trato interpessoal, transtornos psiquiátricos, de imagem e percepção (BRAZIL, 2022).

Laços de famílias são essenciais quando saudáveis. O ideal seria o fenômeno ser reconhecido até mesmo antes de haver indícios de reiterados atos, o que apontaria para uma atuação preventiva. A Lei Henry Borel, em seu art.5º, estabelece que o Sistema de Garantia dos Direitos da Criança e do Adolescente intervirá nas situações de violência contra a criança e o adolescente com a finalidade de, entre outros, de prevenir os atos de violência, cessá-los, minimizar as sequelas da violência sofrida, e promover a reparação integral dos direitos da criança e do adolescente.

 É bom dizer que nem tudo é alienação parental. O seu reconhecimento deve ser feito com cautela, envolvendo todo o sistema familiar, pois cada família tem uma dinâmica própria e os seus modos de ser, viver e criar os filhos. Quem aliena pode ser o pai, a mãe, avós, tios ou outros familiares. As mulheres, por serem as principais guardiãs, até mesmo no curso da relação conjugal, aparecem como as mais praticantes de atos de alienação parental no contexto da separação ou divórcio.

 É inaceitável que haja pais que fazem falsas denúncias tanto de maus tratos quanto de abuso sexual. É preciso muito cuidado para lidar tanto com o conceito quanto a caracterização do abuso sexual que vem sendo cada vez mais registrado. Brazil (2022), psicóloga com experiência de 24 anos em Varas de Família/RJ, afirma que no passado todas as denúncias eram vistas como verdades incontestáveis. Muitos equívocos foram cometidos baseados somente nas palavras da criança e/ou laudos técnicos não isentos. Por isso, por algum tempo, o crime compensou. E salienta que na atualidade há mais informação técnica para distinguir informação falsa de verdadeira, além de que advogados e genitores autores das falsas denúncias têm sido punidos e há maior exigência do Conselho Federal de Psicologia por laudos bem fundamentados.

 Esse quadro aponta para a urgência de pais e mães serem esclarecidos quanto ao tema para conhecer e exercer seu papel na efetiva proteção dos filhos. É dever de todos nós – família, sociedade e Estado – colocar a criança e o adolescente a salvo de qualquer forma de negligência, discriminação, exploração, violência, crueldade e opressão, conforme prevê o artigo 227 da Constituição Federal.

 A sociedade muitas vezes desconhece os direitos das crianças e adolescentes, o que acaba levando ao descumprimento dos deveres inerentes à autoridade parental.

 Ideias construtivas de combate às práticas de alienação parental representam um caminho entre o que a ciência diz sobre as crianças e adolescentes, a formulação e a implementação de políticas públicas.

 A educação parental pode contribuir para que os pais ressignifiquem esses vínculos reorganizando os papéis como um par parental, inclusive desenvolvendo habilidades parentais e socioemocionais, como a comunicação.

Mudanças vindas por meio da ação educativa, que promova o diálogo, a reflexão e o debate para todos que vivem em família.

A guarda compartilhada é vista pelo judiciário como uma dessas ideias. É compreendida como uma oportunidade de nivelar as tarefas e funções parentais, mas também como um meio de oportunizar o diálogo entre os genitores, exceto em casos em que o exercício da guarda compartilhada só intensifica o sofrimento da criança/adolescente, o que exige atenção.

A necessária relação entre direitos humanos e a paz é um modo de se comprometer com a não violência, de propagar e vivenciar o respeito à vida e a dignidade de cada um. Cabe a nós, em todos os espaços em que circulamos, difundir os princípios e o respeito pela liberdade, justiça, democracia, direitos humanos, tolerância, igualdade e solidariedade, o que é fundamental para o desenvolvimento e o fortalecimento da cultura da paz na sociedade.

A parentalidade positiva e encorajadora pode e deve ser um elemento irradiador dessa transformação, disseminando conhecimento, reflexões e estímulos às boas práticas. É uma área de conhecimento e prática em construção capaz de construir pontes sobre fronteiras condizentes com os valores da cultura de paz e para a coconstrução de uma nova consciência que reduza significativamente as formas de violência psicológica intrafamiliar e aumente a confiança e a reconstrução de laços das famílias.

O projeto Separação Positiva está a esse serviço. Co-construir uma dimensão de cuidados de forma a contribuir para as práticas parentais existentes, se possível quebrando ciclos coparentais coercivos e potencializando uma parentalidade saudável e consciente quer para pais ou filhos.

E isso é feito por meio de duas oportunidades:

1. Encorajando os pais e mães separados, bem como filhos adultos de pais separados a partilharem sentimentos, condutas e crenças em nosso Grupo de Diálogo. Em especial para aqueles com dificuldades relativas a uma aliança parental cooperativa com o ex-cônjuge e/ou com vivências passadas de conflito interparental que possam estar interferindo na atualidade. Encontros com pessoas que vivenciam situações semelhantes abrem novas perspectivas e possibilidades.

2. Orientação parental focada nos pais para harmonizar o relacionamento entre pais e filhos nesse período de reorganização familiar. Inclui a investigação da dinâmica familiar e os aspectos que podem facilitar ou dificultar o relacionamento, de forma a contribuir para que a família alcance a mudança que pretende. Aborda também informações, recursos e estratégias adequadas, por idade e situação.

Convido você para refletir sobre qual parentalidade quer exercer.

Referências

BRASIL. Constituição (1988). *Constituição da República Federativa do Brasil de 1988*. Disponível em: <http://www.senado.gov.br/legislacao/const/con1988/CON1988_05.10.1988/CON1988.pdf>. Acesso em: 10 jun. de 2021.

BRASIL. Lei 12.318, de 26 de agosto de 2010. *Dispõe sobre a alienação parental*. Disponível em: <http://www.planalto.gov.br/ccivil_03/_Ato2007-2010/2010/Lei/L12318.htm>. Acesso em: 01 jul. de 2021.

BRASIL. Lei 13.431 de 04 de abril de 2017. *Estabelece o sistema de garantia de direitos da criança e do adolescente vítima ou testemunha de violência e altera a Lei n. 8.069, de 13 de julho de 1990* (Estatuto da Criança e do Adolescente).

BRASIL. Lei 14.344, de 24 de maio de 2022. *Cria mecanismos para a prevenção e o enfrentamento da violência doméstica e familiar contra a criança e o adolescente*. Disponível em: <https://www.planalto.gov.br/ccivil_03/_ato2019-2022/2022/lei/l14344.htm>. Acesso em: 09 jun. de 2022.

BRAZIL, G. *Psicologia jurídica: a criança, o adolescente e o caminho do cuidado na justiça*. São Paulo: Editora Foco, 2022.

DREW, N. *A paz também se aprende*. São Paulo: Editora Gaia, 1990.

LOURENCO, L. M. *et al*. O impacto do testemunho da violência interparental em crianças: uma breve pesquisa bibliométrica e bibliográfica. Gerais, *Rev. Interinst. Psicol.* [on-line]. 2011, vol. 4, n. 1. Disponível em: <http://pepsic.bvsalud.org/scielo.php?script=sci_arttext&pid=S1983-82202011000100011>. Acesso em: 14 jul. de 2022.

SALZER, F. *Alienação parental, não é tudo igual!* Disponível em: <https://ibdfam.org.br/artigos/1881/Aliena%C3%A7%C3%A3o+parental%2C+n%-C3%A3o+%C3%A9+tudo+igual%21>. Acesso em: 04 out. de 2022.

WAQUIM, B. B.; BARBIERO, P. C. (2022). Modernizando a proteção integral: a alienação parental sob as lentes da alienação familiar e da educação para a paz. In: *Revista brasileira de Direito de Família*. Porto Alegre: Síntese, IBDFAM, n. 45, maio/junho, pp. 141-161, 2020.

9

A IMPORTÂNCIA DO BRINCAR COM AS CRIANÇAS, COM ÊNFASE NA FAMÍLIA

Ao brincar sozinha ou em família, a criança consegue imaginar, desencadear ampliação cognitiva e social, passa a ter mais conexão com aqueles que são tão importantes e a dar sentido ao real e ao imaginário. A infância é marcada por vários avanços significativos nos diferentes domínios do desenvolvimento que caracterizam esse período. Na brincadeira, a criança desenvolve algumas capacidades importantes, como: atenção, imitação, memória e imaginação, proporcionando mais recursos para lidar com o mundo físico. Como os pais são os primeiros cuidadores, as brincadeiras na área familiar são um ponto importante para a compreensão do desenvolvimento infantil, por remeter à reflexão sobre os aspectos legais que analisam a relação entre o brincar e o desenvolvimento da criança, cooperando para que seja pleno e saudável.

LINDINALVA NASCIMENTO

Lindinalva Nascimento

Contatos
lindinalva4m@hotmail.com
Instagram: @lindipsi
Facebook: lindinalva283
65 99915 6487

Psicóloga especializada em Educação Infantil e Alfabetização, psicopedagoga e facilitadora do programa Encorajando Pais®.

O brincar estimula, motiva e pode ser orientado por um adulto. A família deve brincar, participar com a criança, já que propicia a aprendizagem, a estimulação e a motivação. Por exemplo: você chega do trabalho e seu filho te convida para brincar de casinha ou carrinho, a brincadeira que ele mais gosta. Você deixa de fazer o que estava disposta a fazer para dar este momento de prazer a ele que, com certeza, se sentirá amado e pertencente a este meio no qual está inserido, nessa pequena sociedade chamada família.

Todas as formas que as crianças utilizam para brincar são importantes. Brincar com os filhos não é perder tempo, mas ganhar. Desde muito cedo, por meio das diversas brincadeiras, a criança aprende a ler o mundo e se desenvolver, compreende conceitos e valores, expressa emoções e desenvolve seus sentidos orgânicos. Benjamin (1994) traz uma importante reflexão sobre a brincadeira na vida da criança:

> [...] a brincadeira, e nada mais, que está na origem de todos os hábitos. Comer, dormir, vestir-se, lavar-se, devem ser inculcados no pequeno através de brincadeiras, acompanhados pelo ritmo de versos e canções. É da brincadeira que nasce o hábito, e mesmo em sua forma mais rígida o hábito conserva até o fim alguns resíduos da brincadeira. Os hábitos são formas petrificadas, irreconhecíveis, de nossa primeira felicidade e de nosso primeiro terror.
> (BENJAMIN, 1994, p. 253)

O brincar constitui uma forma importantíssima na formação da criança. É uma atividade espontânea, natural e necessária ao desenvolvimento dela. Cada criança tem a capacidade de recriar e significar o mundo ao redor, a partir da imaginação e da fantasia, com a própria maneira de ver a realidade.

Segundo Santos (1995, p. 519):

> O brincar é, portanto, uma atividade natural, espontânea e necessária para a criança, constituindo-se em uma peça importantíssima na sua formação. Seu papel transcende o mero controle de habilidades. É muito mais abrangente. Sua importância é notável, já que, por meio dessas atividades, a criança constrói o seu próprio mundo.

Podemos dizer que o brincar é de fundamental importância para o desenvolvimento infantil, pois quando se transforma e cria significados na interação social, estabelece um caráter ativo do próprio desenvolvimento. Aqui vão algumas práticas simples que podemos desenvolver com nossos filhos:

- **Dar a eles oportunidades de se sentirem com voz, vez e lugar ao convidá-los para participar das atividades domésticas:** trazendo de uma forma prazerosa, como brincadeiras, não vão se sentir como se estivessem sendo obrigados a fazer, mas que podem colaborar com os pais;
- **Demonstrar interesse e brincar com jogos eletrônicos que eles gostam:** com isso se sentirão importantes e valorizados. Se os jogos não estiverem de acordo com valores da família, vocês podem conversar sobre isso e eles não se sentirão criticados por uma colocação gentil, atenciosa e questionadora de que aquelas atitudes do jogo podem contribuir com as mudanças de emoções não muito positivas neles;
- **Apresentar aos filhos brincadeiras da sua infância:** estimule-os a desenvolver criatividade por meio de brinquedos não tão sofisticados, como eram os da nossa infância.

As crianças procuram compreender o mundo, conferindo significados diversos, realizando ações que representam as interações, sentimentos e conhecimentos presentes no ambiente em que vivem. É a maneira em que a criança descobre o seu mundo sendo de maneira lúdica e prazerosa. Podemos dizer que brincar é prazer, é liberdade, é desenvolvimento e é aprendizagem.

O brincar em família é fundamental para estreitar os laços familiares, ajudando no fortalecimento dos vínculos, também para estimular o desenvolvimento das crianças. As brincadeiras em família são de suma importância para o desenvolvimento das crianças. Quando elas brincam, ensinam e se conectam com as pessoas ao seu redor e tudo isso de uma forma divertida e prazerosa, desenvolvendo com mais facilidade atitudes de cooperação e empatia.

Pelo brincar, a família ensina às crianças que é possível inventar muitas atividades lúdicas, por exemplo: encenar uma história, inventar cenários, fazer um show de música, narrar histórias, explorar a imaginação, dentre outros objetos diversos, por isso é muito importante que todos façam parte desse mundo mágico dos pequenos.

A estrutura familiar e as práticas educativas envolvendo as crianças são aspectos importantes a serem observados na evolução da família (NAVES & VASCONCELOS, 2013, p. 150). O papel da família durante a infância é importante para o desenvolvimento social, afetivo e emocional da criança, pois é necessário para compreender como o brincar fará parte desse processo de desenvolvimento.

Para que a criança desenvolva as habilidades, é importante que a família permita que ela explore livremente os objetos e espaços. Quando a criança brinca, não existe o certo ou errado, é preciso deixar que cada uma crie e consiga resolver os problemas que surgem durante a prática de inventar alguma brincadeira. O brincar é um processo social, no qual a criança aprende a lidar com as ideias, trabalhar em equipe, pedir ajuda ao próximo e adquirir aprendizagem.

Quando a criança está brincando, ela está se desenvolvendo. Quando a família faz parte desse processo lúdico, a importância do brincar passa a ser maior ainda. Os bons momentos em família permitem que suas relações se fortaleçam, sendo determinante para o crescimento dos pequenos e para o bem-estar de cada um. Por isso é importante que a família sempre proporcione momentos lúdicos com seus filhos, mesmo que se tenha uma vida corrida, estabelecendo sempre um tempo de qualidade, um horário para que este momento entre as crianças e seus familiares aconteça, pois são momentos como estes que farão parte do desenvolvimento cognitivo e emocional da criança.

O brincar não pode ser visto como um peso, mas sim como momentos prazerosos de diversão entre toda a família, pois resultam no desenvolvimento de socialização e cooperação das crianças. A empatia e colaboração são importantes aos aprendizados dos pequenos, para que possam viver bem em sociedade.

Referências

BENJAMIN, W. *Obras escolhidas I: magia e técnica, arte e política.* São Paulo: Brasiliense, 1994.

NAVES, A. R. C. X.; VASCONCELOS, L. A. Análise de interações familiares: um estudo de caso. *Psic.: Teor e Pesq.* 29(2), 2013.

SANTOS, S. M. P. *Brinquedoteca: sucata vira brinquedo.* Porto Alegre: Artes Médicas, 1995.

10

O QUE A INTELIGÊNCIA EMOCIONAL TEM A VER COM A PARENTALIDADE ENCORAJADORA?

A inteligência emocional é um constructo relativamente recente e que ganhou popularidade ao propor um novo modo de inteligência que envolve a habilidade de lidar com as próprias emoções. Educar uma criança pode ser desafiador, portanto, se faz necessário entender e lidar com as próprias emoções para que isso não se torne uma barreira na construção de uma relação familiar saudável e positiva.

LUÍSA GONÇALVES SANTOS

Luísa Gonçalves Santos

Contatos
Instagram: @psiluisagoncalves
lgstos@gmail.com
71 99371 0109

Graduada em Psicologia (2012), especialista em Terapia Familiar Sistêmica (2015), facilitadora internacional do Método FRIENDS (2017), especialista em Psicologia do Desenvolvimento Infantil (2020), educadora parental em Disciplina Positiva (2020), facilitadora do programa Encorajando Pais® (2022). Psicóloga infanto-juvenil, atua na clínica com crianças e famílias e sonha em deixar pessoas melhores para o mundo.

A inteligência emocional diz respeito à nossa capacidade de perceber, compreender e expressar nossas emoções. Esse processo nos dá a possibilidade de gerir nossas emoções diante de estímulos externos, que podem ser positivos ou negativos. Dentro da psicologia, os estudos sobre a Inteligência Emocional foram ampliados e passou-se a entendê-la como um constructo que envolve o desenvolvimento de algumas habilidades. Nós as chamamos de habilidades socioemocionais.

Dentro dessa perspectiva, podemos entender que a Inteligência Emocional é uma habilidade que pode ser desenvolvida e aprimorada a partir de determinados métodos e estratégias. O objetivo é que, assim como aprendemos a ler e desenvolvemos essa habilidade ao longo da vida, também possamos desenvolver a nossa inteligência emocional para lidar com as situações da vida de uma maneira geral, bem como com os problemas e dificuldades que podem surgir. Afinal, as habilidades socioemocionais envolvem: resolução de problemas, empatia, responsabilidade, criatividade, dentre outras.

Os especialistas que estudam a Inteligência Emocional contam que algumas pesquisas apontaram uma relação importante entre as baixas habilidades e o uso de drogas, problemas de comportamento e dificuldades de socialização. Assim como uma Inteligência Emocional bem desenvolvida está relacionada com relações mais saudáveis, comportamentos mais sociáveis e maior satisfação com a vida. Daí é que vem a importância de buscar desenvolver essa habilidade ao longo da vida, visto que existe uma relação com a qualidade das relações e, consequentemente, com a qualidade de vida.

Quando destacamos a parentalidade, estamos falando de pessoas que estão aprendendo e desenvolvendo as habilidades de criar filhos, educar e encorajar. São pessoas com as próprias questões e histórias de vida dando o seu melhor para criar cidadãos para o mundo. Um desafio e tanto! É por isso que, na perspectiva da Parentalidade Encorajadora, buscamos que os pais estudem e se disponibilizem a aprender sobre novas formas de educar. Também é preciso estudar para criar crianças.

É importante lembrar que a família e as relações parentais serão o primeiro contato da criança com o mundo exterior. Dessa forma, os modelos de relacionamento a que se tem acesso farão uma grande diferença no modo como essa criança se relaciona com o mundo. Ter pais seguros, acolhedores e com boa capacidade de diálogo favorece o desenvolvimento da criança.

Assim sendo, se os pais demonstram inteligência emocional bem desenvolvida, a criança também terá essa base para desenvolver as próprias habilidades, reconhecendo as emoções e encontrando estratégias para lidar com elas. Além disso, os pais que conseguem desenvolver a inteligência emocional têm a capacidade de se autorregular e, portanto, haverá menos situações de gritos, descontrole e a necessidade de aplicar punições, estratégias que nós já sabemos que não funcionam e não fazem parte do que acreditamos para uma disciplina efetiva e positiva.

O desenvolvimento da Inteligência Emocional passa por um processo de olhar para dentro e reconhecer as próprias dificuldades e habilidades. É por isso que precisamos e incentivamos que os pais estejam dispostos a aprender. É aquela velha história de que, para mudar o mundo, precisamos começar por nós mesmos. Cada pessoa terá o seu processo, o seu caminho e é isso que torna tudo mais bonito. Dentro do processo de orientação parental, por exemplo, os pais têm a oportunidade de olhar para a própria história e identificar padrões e crenças que foram criados ao longo de toda a sua vida. Esse é o primeiro passo para a mudança.

Olhar para a nossa história também permite que a gente revisite situações em que precisamos ser resilientes e corajosos, e isso nos ajuda a identificar quais foram as emoções que nos guiaram nesses momentos. Será que faríamos as mesmas escolhas atualmente? Ter Inteligência Emocional é também reconhecer que nem sempre vamos conseguir dar conta de todos aqueles sentimentos que surgem diante de uma determinada situação. Não é um processo linear e estático. É algo que muda e tem influência de diversos fatores. Por exemplo, uma pessoa que lida com muitas situações de estresse no trabalho, vai precisar de muito mais habilidade para lidar com as situações de estresse quando chega à casa. E esse é um dos motivos pelos quais incentivamos a parceria e troca entre os pais, bem como a ampliação da rede de apoio. Assim, quando uma pessoa não está tão bem, a outra consegue segurar as pontas e, juntos, podem desenvolver relações familiares mais saudáveis e positivas.

Saber que os pais têm uma parceria e que possuem uma rede de apoio extensa facilita que as crianças tenham confiança para socializar e formar seus próprios vínculos, afinal, aprendem por modelos. Além disso, um ambiente familiar onde há cooperação e participação de todos os membros, faz que a criança se sinta pertencente. Dentro da Disciplina Positiva, costumamos dizer que se sentir pertencente é a maior busca de todo ser humano, pois esse sentimento nos dá segurança para sermos nós mesmos. Uma criança que se sente pertencente, se sente amada e será mais cooperativa, responsável e participativa. As coisas estão todas interligadas e, quando falamos de educação, é necessário pensar em longo prazo. Nenhuma relação se faz da noite para o dia, e com a relação entre pais e filhos não seria diferente. É preciso investimento emocional, paciência e cuidado para construir relações sólidas e de confiança.

Os pais que têm Inteligência Emocional bem desenvolvida terão mais facilidade para lidar com as mudanças, solucionar os conflitos e dar segurança para os filhos. Além disso, ao lidar com os próprios sentimentos, ensinarão às crianças como fazê-lo. Por exemplo, um pai que chora diante de uma frustração, mas consegue expressar que está frustrado, respira fundo e lida com isso de maneira positiva, está demonstrando para a criança que essa é uma maneira de lidar com situações semelhantes. Do mesmo modo, um pai que, diante de uma frustração, grita e quebra coisas, ensinará para a criança que essa é a maneira de lidar com as situações. É provável que, em breve, essa criança esteja gritando e quebrando coisas diante de situações que a desagradam.

Dentro da perspectiva da Disciplina Positiva e da Parentalidade Encorajadora, acreditamos que cada crise é uma oportunidade para aprendermos e, também, ensinarmos. Crianças passarão por fases, terão as próprias dificuldades e farão as birras em público, isso faz parte do seu processo de desenvolvimento. Somos nós, enquanto adultos, que precisamos encontrar estratégias para lidar com esses desafios. Desenvolver as nossas próprias habilidades de reconhecer nossas emoções, nomeá-las e processá-las é um caminho facilitador para enfrentar os desafios de maneira positiva.

Vou propor a você um exercício

Você está passeando com sua família e teve um dia muito alegre e divertido. Ao fim do passeio, seu filho vê um carrinho de pipoca e pede para você comprar. No entanto, já estão indo para casa e é hora de jantar, então você nega e explica que estão indo para casa. Pronto. Motivo suficiente para que ele abra o berreiro e comece uma birra daquelas. Ao redor, as pessoas passam e olham para você e para a criança chorando, com cara de julgamento. O pipoqueiro tenta ajudar oferecendo uma pipoca em tamanho menor. Mas não tem mais jeito, seu filho entrou no "modo jaguatirica" e, além de chorar e fazer um escândalo, não permite que você se aproxime.

1. Qual é o sentimento que primeiro aparece quando pensa nessa situação?
2. O que tem vontade de fazer com seu filho para ele parar de chorar (pode ser sincero)?
3. Qual acha que será a resposta da criança ao fazer isso que você deseja?
4. O que seus pais fariam se a criança fosse você?
5. De que maneira acha que isso impactou o modo como você lida com as emoções hoje?

Eu acredito, de maneira veemente, que os pais sempre fazem o que acreditam ser o melhor para seus filhos. Ainda que errem, eles erram quase sempre tentando acertar – e é preciso que aqui pensemos um pouco mais a respeito do que é certo e errado para cada pessoa. À medida que o tempo passa, o mundo tem grandes mudanças e a tecnologia tem cada vez mais influência nas nossas vidas. As coisas mudam rápido e muitas vezes precisamos nos adaptar. É por isso que os antigos modelos de educação, que buscavam autoridade e obediência, não são mais eficazes. A gente precisa mudar com o mundo e, assim também, traremos mudanças para o mundo.

Uma das máximas que guiam o meu trabalho como psicóloga infantil e educadora parental é que, mais do que deixar um mundo melhor para as pessoas, eu gostaria de deixar pessoas melhores para o mundo. Isso não seria possível sem propor que possamos olhar para dentro de nós e buscar nossa melhor maneira de viver, educar e se relacionar. Te convido, então, para viver essa jornada e assim construirmos, juntos, um futuro melhor.

Referências

NELSEN, J. *Disciplina Positiva*. 3. ed. Barueri: Manole, 2015.

TESSARO, F.; LAMPERT, C. D. T. Desenvolvimento da inteligência emocional na escola: relato de experiência. *Psicologia Escolar e Educacional* [on-line]. v. 23, 2019.

WOYCIEKOSKI, C.; HUTZ, C. S. *Inteligência emocional: teoria, pesquisa, medida, aplicações e controvérsias*. Disponível em: <https://www.scielo.br/j/prc/a/fYtffQ8jhwz7Dn3sNGKzRwt/>. Acesso em: 10 nov. de 2022.

11

AMPLIANDO O ENCORAJAMENTO DOS PAIS PELA ARTETERAPIA

Este capítulo é um convite aos pais e cuidadores sobre a possibilidade de ampliação e uma construção de conexão mais positiva com seus filhos, usando ferramentas da Arteterapia como fio condutor para uma parentalidade encorajadora, entendendo que, ingressando nesse mundo fantástico, iniciaremos uma jornada pautada na gentileza, no respeito e no amor.

MARCIA MATTOS SANTOS VIEIRA

Marcia Mattos Santos Vieira
CRP 05/27298

Contatos
marciaeafonsovieira@gmail.com
Instagram: @marciamattospsicobem
@maecompassiva
21 97343 1616

Psicóloga graduada pelo CEUCEL/RJ, pós-graduanda em Educação Parental e Inteligência Emocional – UNIFAST/SP. Arteterapeuta em formação pelo Temenos/RJ. Especialista em Psicopedagogia Clínica e Institucional – UCB/RJ. Educadora parental e facilitadora do programa Encorajando Pais® – Escola de E.E.P/SP. Autora do livro-box *Estratégias criativas para psicoterapia infantil*. Atende em consultório particular há mais de 20 anos. Atualmente, dedica-se à clínica da infância e adolescência e ao atendimento às famílias na perspectiva da parentalidade encorajadora.

Escutar, relatar, acolher e escrever sobre as manifestações que nos circulam às vezes se torna um "negócio complicado", afinal onde tem uma família, tem sempre uma história e muitas vezes essa história tem uma verdadeira saga de herói.

Pensar a Arteterapia como proposta de intervenção na ampliação do encorajamento dos pais é o início de uma jornada mítica, que transpõe muros, trazendo para a cena o potencial criativo dessa mãe, desse pai, desse filho ou filhos.

Durante o meu encontro com a Arteterapia, tive o momento mais criativo da minha vida, dei voz ao meu potencial, trazendo para a cena minhas maiores obras de arte, meus filhos e a minha família, criando, assim, uma conexão real com o meu verdadeiro chamado.

A arte caminha ao lado do homem desde sempre. Trazendo um exercício simples, temos as mãos em negativo nas cavernas como primeiro contato com o seu potencial criativo e, se formos a museus pelo mundo afora, vamos perceber que os objetos coletados e produzidos contam uma história e traduzem um tempo já em elaboração, basta você olhar e entender a utilidade e o significado, objetos utilizados para a pesca, para acompanhar os mortos, máscaras que representavam uma deidade ou divindade.

A Arteterapia caminha com a humanidade, a serviço dela, contando uma história por imagens, na qual a arte ocupa o espaço que a palavra não consegue alcançar.

Antes de existir uma criança no caminho dos pais, existe uma história que precisa ser contada, acolhida e validada. A vida, como os filhos, não vai nos dar ferramentas para sermos bons pais, encorajadores, amorosos ou conscientes, mas vai contribuir e ter um papel fundamental na educação de nossos filhos.

Começo aqui uma jornada, que caminha pela Parentalidade Encorajadora, que faz uma viagem, coletando alguns elementos da História, trava uma batalha em uma saga de heróis, tem muitos obstáculos e provações e chega ao prêmio, viver compassivamente até começar novamente outra jornada, pois esse movimento é dinâmico. Essa viagem rumo ao desconhecido traz para cena o potencial criativo, resgatando muitas famílias de um processo de desconexão entre os seus integrantes.

A Arteterapia, ampliando o campo de intervenção nas famílias, passa por um espaço de encorajamento, trabalho e criatividade, construindo uma ponte de inúmeras possibilidades para podermos ajudá-las a ingressar em um processo de autoconhecimento e autocuidado. Entendendo que ser criança, cronologicamente, vai desde o nascimento até 12 anos incompletos. Um período de muita aprendizagem e novidade. A criança inicia as descobertas e se relaciona com o mundo a sua volta: começa a andar, aprender regras, estar aberta a criar uma conexão verdadeira e real com seus cuidadores. Ter esse conhecimento sobre o desenvolvimento da criança é um importante aliado aos pais, profissionais da infância e educadores, especialmente diante de qualquer tipo de dificuldade (emocional, social ou cognitiva). Esse é um conhecimento que se torna importante e que agrega potencial a um trabalho entre pais e filhos.

O acompanhamento e encorajamento dessa criança, trazendo para a cena alguns recursos da Arteterapia, concomitante a uma abordagem da Educação Parental, pode criar um desenvolvimento saudável dessa infância, respeitando e não ignorando as características individuais que fazem desse ser uma criança única, que precisa ser escutada, compreendida, acolhida, respeitada e encorajada. Percebemos que a infância é um celeiro rico, pois parte de ser criança é descobrir fórmulas mágicas e originais para situações pré-moldadas. A Arteterapia é uma possibilidade de trabalho com o potencial criativo, trazendo para cena um olhar novo e colorido, no sentido de inúmeras possibilidades.

Todos nós possuímos um potencial criativo nato, basta desenvolvê-lo. O meio tem um papel importantíssimo quando nos estimula ao desenvolvimento (ROCHA, 2009, p. 35). Sempre existe uma história que precisa ser contada e eu vou contar a história de uma menina que teve uma infância comum, fazia aulas de crochê, brincava de alquimista nas aulas de culinária. Como, na época, a televisão de casa estava sempre quebrada, aguardando o conserto, ia para a casa de sua tia. Mas lá existia um monstro que não gostava de crianças e as assombrava. Essa menina tinha muito medo desse ser monstruoso, então ela pedia à tia que abrisse a máquina de costura, pois o som da máquina em movimento sempre mandava o ser de outro mundo embora, para outra dimensão.

Esse momento sempre trazia proteção, alegria e felicidade, pois sentia um poder tremendo ao ajudar na transformação de algo novo como uma supercapa para atravessar as inúmeras dificuldades que poderiam vir a surgir. Com esses momentos, essa menina foi crescendo, se desenvolvendo, se tornando uma jovem, uma mulher e mãe. Durante todo esse processo, aprendeu a ler, contar e a se apaixonar por cada um dos personagens que passaram por suas leituras, seja nos contos ou nos mitos. Independente do sexo ou idade, essa menina habita cada um de nós, trazendo, quando houver necessidade, o superpoder de um potencial criativo adormecido e precisa ser acordado.

A bailarina

>Essa menina
>tão pequenina quer ser bailarina.
>Não conhece nem dó nem ré mas sabe ficar
>na ponta do pé.
>Não conhece nem mi nem fá
>mas inclina o corpo para cá e para lá.
>Não conhece nem lá nem si, mas fecha
>o olho e sorri.
>Roda, roda, roda, com os bracinhos no ar e não
>fica tonta e nem sai do lugar.
>Põe no cabelo uma estrela e um véu e diz
>que caiu do céu.
>Esta menina
>tão pequenina quer ser bailarina.
>Mas depois esquece todas as danças,
>e também quer dormir como as outras crianças.
>(CECÍLIA MEIRELES)

Em essência, quando falamos em Arteterapia, falamos em arte, em poemas e poesias, histórias, contação de histórias, contos, fábulas, mitologias, Sagrado Feminino, Sagrado Masculino, deuses, deusas, fadas, mundo encantado. Tudo isso compõe o trabalho com Arteterapia e esse é um mundo fabulosamente rico, colorido e farto. Imagine um lápis não ser um lápis? Isso acontece na Arteterapia, basta estarmos abertos à criatividade e ao recurso mais importante, a disponibilidade interna para o momento.

Ligia Diniz (2013) aponta que a Arteterapia nos auxilia a enfrentar, com nossas próprias ferramentas, os desafios e os embates da nossa caminhada. Aprendemos, então, a celebrar a existência com o máximo da nossa inteireza.

Ao pensar nessa menina que habita em nós, que também sonha, se relaciona e, trazendo-a para a cena da Parentalidade (já adulta e mãe), quais os recursos que poderíamos trabalhar com ela?

Com certeza, o principal recurso seria a criatividade, pois a vida dessa mulher é rica e recheada de histórias, como muitas mães que iniciam um processo de autoconhecimento tendo como perspectiva a Parentalidade Encorajadora. Mas durante a vida, por motivos diversos, nos esquecemos de sonhar, esquecemos que fomos criança um dia, que podemos sim nos relacionar de modo saudável com essa criança que um dia já existiu.

Um dos recursos que a Arteterapia traz para esse atendimento parental é a ressignificação das histórias pela contação de histórias. Sempre tem uma temática ou desafio recorrente de uma criança, que faz que haja uma busca em entendermos o que está por trás dessas questões. Como pais ou cuidadores, temos o compromisso em ouvir essa criança e entender o que esse desafio representa. Qual é o personagem principal dessa história? Como ele é?

Quando esse pai ou mãe entende quem é o personagem, entramos na questão do desafio, que basicamente é sintetizado em: o que te obriga a experimentar ou aprender coisas novas? Entender essas questões nem sempre é uma tarefa fácil na vida de um pai ou mãe, talvez seja a tarefa mais difícil e especial da nossa vida como cuidador de outro ser e falo isso com a possibilidade e o presente que a vida me deu de cuidar de dois lindos meninos.

Quando entendemos essas questões, é o momento de atender ao chamado e convidar aliados para partirem em uma jornada em busca de respostas. Nesse momento, para participar dessa aventura, podemos solicitar a entrada de outro personagem, a criança, objeto que causa a jornada.

Com essa narrativa, começamos a construir uma história, que pode ser contada quantas vezes forem necessárias e de diversas maneiras. Entendendo a possibilidade e a necessidade desse espaço, temos um momento de leveza e conexão, diminuindo assim a distância entre o adulto e a criança. Com isso, temos o momento propício para, como pais, adotarmos uma escuta ativa, que tem como base uma escuta empática e atitude de respeito com a demanda (desafio de comportamento) trazida em cena pela criança.

Essa ponte que se constrói entre a escolha, a contação de histórias e a escuta ativa faz um trabalho de fortalecimento do vínculo pai e filho, mãe e filho, trazendo para o momento confiança, sensibilidade e respeito, sem a necessidade de ter receio em expressar as emoções.

Como pais, podemos e devemos nos potencializar com o que a Arteterapia pode nos apresentar, mas temos que estar abertos ao novo e, principalmente, estudar, pois um lápis de cor, dentro do espaço da Parentalidade, pode se transformar em um objeto de valor.

Quando trazemos esse saber no encontro com os pais, trazemos a possibilidade de eles terem uma conexão mais saudável, alegre e leve com o seu filho, de terem instrumentos para elaborarem uma brincadeira, com as ferramentas da educação parental, trazendo para a convivência o lúdico.

Quero fazer um convite: se você é pai, mãe ou cuidador, qual estratégia vai trazer para sua relação com seu filho?

> Eu vou contar a minha...
> Uma mulher a olhar
> A se encantar
> Pelas brumas do tempo a contar
> Quantos anos até desbravar.
> Anos passam com muito palavrear
> Vivenciar as agruras do tempo a contar
> Canta, contar, andar, olhar
> Quantos anos até acordar.
> Ascender até o sol resplandecer
> A luz que agora é também a luz a assombrar
> Iluminado seja o caminho a trilhar
> Quantos anos até brilhar.
> Circular e enrolar
> Em vida é bom casamentear
> Para quando precisar ter alguém a chorar
> Quantos anos até se enrolar.
> Sou peregrina a andar
> Então vamos peregrinar
> Em lugares tão altos a voar
> Quantos anos até se aproveitar.
> Olho o ponteiro do relógio a andar
> Mas me petrifico no lugar
> Como uma pedra a ficar
> Quantos anos até me enraizar.
> (MARCIA MATTOS)

Referências

ASSOCIAÇÃO DE ARTETERAPIA DO RIO DE JANEIRO (AARJ). *A arte e a criatividade promovendo saúde* vol. 3. Rio de Janeiro: Wak Editora, 2013.

CAMPBELL, R.; CHAPMAN, G. *As 5 linguagens do amor das crianças: como expressar um compromisso de amor ao seu filho*. 2. ed. São Paulo: Mundo Cristão, 2017.

COUTINHO, V. *Arteterapia com crianças*. 4. ed. Rio de Janeiro: Wak Editora, 2013.

KEEN, S.; VALLEY-FOX, A. *jornada mítica de cada um: a descoberta do significado da sua vida através da composição e narração de histórias*. São Paulo: Cultrix, 1991.

NELSEN, J. *Disciplina positiva: o guia clássico para pais e professores que desejam ajudar as crianças a desenvolver autodisciplina, responsabilidade, cooperação e habilidades para resolver problemas*. 3. ed. Barueri: Manole, 2015.

PROENÇA, G. *História da arte*. 2. ed. São Paulo: Ática, 2005.

RABELLO, N. *O desenho infantil: entenda como a criança se comunica por meio de traços e cores*. 2. ed. Rio de Janeiro: Wak Editora, 2014.

ROCHA, D. L. C. *Brincando com a criatividade: contribuições teóricas e práticas na arteterapia e na educação*. Rio de Janeiro: Wak Editora, 2009.

12

PARENTALIDADE CONSCIENTE E *MINDFULNESS* NA EDUCAÇÃO DOS FILHOS

Sou apaixonada por *mindfulness* e parentalidade consciente. Escrever este capítulo foi uma oportunidade de juntar essas duas paixões e mostrar que podemos, por meio delas, educar com respeito, de modo leve, gentil, com aceitação, sem julgamentos, ameaças e castigos. Convido você para olhar a parentalidade e seus desafios de maneira diferente, com mais abertura, gentileza, firmeza e compaixão.

Melina Valério

Contatos
www.melinavalerio.com.br
melinavalerio.m@gmail.com
16 99601 2202

Psicóloga clínica, pós-graduada em Psicopedagogia Clínica e Institucional e Psicologia do Trânsito. Formação em Terapia Cognitivo-comportamental e Terapias Baseadas em *Mindfulness*. Consultora em emoções. Seu trabalho é fundamentado nas *Psicoterapias Contextuais*, com foco no estresse, ansiedade e seus transtornos. É educadora parental, facilitadora certificada do programa Encorajando Pais®, com ênfase em disciplina positiva, que tem por objetivo encorajar os pais no processo de educação dos filhos e facilitadora de programas de *mindfulness*, com o objetivo de gerenciamento da ansiedade e estresse. Realiza psicoterapia individual, orientação de pais, grupos, palestras, atendimento presencial e on-line. Coautora dos Baralhos: *Desvendando as emoções, Aprenda a lidar com o seu estresse, Ansiedade: técnicas de enfrentamento, Baralho das emoções para crianças e adolescentes* e *SOS ansiedade*. Coautora dos livros: *Bem me quero* e *Encorajando pais: um olhar para a parentalidade e a educação das crianças e adolescentes*. Autora do e-book: *Como lidar com as emoções*.

Vivemos em um mundo ligado no 220v. Estamos sempre apressados, atrasados, correndo de um lado para o outro e, quando vemos, o dia, a semana, o mês, o ano passou e não nos demos conta. Vivemos sem realmente estarmos presentes, vivemos em piloto automático. Você já teve a sensação de estar em algum lugar, mas não estar lá de verdade?

Infelizmente, esse modo de vida "automático" como se não tivéssemos nenhum controle sobre ela, tem se tornado cada vez mais frequente. É comum vivermos sempre "correndo atrás de algo" ideal, que muitas vezes não podemos alcançar, e criamos expectativas que, em vez de nos motivar, nos frustram. A correria do mundo nos absorve de tal forma que agimos e fazemos sem pensar ou refletir sobre nossas ações e comportamentos.

Somos guiados pelas rotinas que nos forçam a vivermos em nossas cabeças e não a nossa vida. Soma-se a isso toda a pressão de sermos bons profissionais, bons maridos ou esposas e, principalmente, sermos bons pais. Tudo isso nos causa ansiedade, estresse e até depressão. Quando estamos envolvidos nesse piloto automático, a nossa tendência é agirmos de maneira reativa, então gritamos, brigamos, castigamos, batemos, muitas vezes sem pensar nas consequências do nosso comportamento.

Mindfulness nos traz esse convite de estar presente, ou seja, levar nossa atenção de modo intencional a cada atividade ou situação enquanto está ocorrendo, sem julgamento, com abertura e aceitação. É uma contraposição ao estado de desatenção no qual frequentemente nos encontramos.

Mindfulness, nos convida a parar por alguns instantes para sairmos desse modo de piloto automático, um modo mental do mundo das ideias, muitas vezes caótico e aleatório a fim de que possamos perceber como realmente estamos naquele momento, incluindo pensamentos, emoções e sensações físicas, observando a realidade como ela se apresenta e o tipo de decisão que podemos tomar diante dessa realidade. Isso é o que estamos chamando de vivenciar o momento presente, ou seja, a possibilidade de, por meio de um estado mental intencional de atenção ou consciência plena, sair do piloto automático e parar para observar a realidade interna e externa da maneira como ela está emergindo naquele exato momento. Quando fazemos isso, criamos um espaço de reflexão e passamos a responder aos comportamentos em vez de apenas reagir.

A criança vive no aqui e agora naturalmente, é curiosa e explora seu dia a dia em busca de novas informações. Nós, adultos, ligamos o piloto automático e passamos a maior parte do nosso tempo no passado ou no futuro. E esquecemos que a vida só acontece no momento presente.

Quantas vezes estamos com nossos filhos, mas na verdade estamos resolvendo inúmeros outros problemas ou perdidos em pensamentos que sequestram a nossa atenção sem nem percebermos?

Precisamos estar presentes na educação dos filhos. Quando falo isso, não quero dizer que devemos parar de trabalhar e dedicar cem por cento do nosso tempo para educar os filhos. Mas quando estivermos com eles, realmente precisamos estar com eles, em um estado de presença genuína, de curiosidade pelo que estão fazendo, respeitando a experiência, estando aberto aos pensamentos e emoções deles, sem julgamentos e com compaixão. E conseguimos isso, praticando o mesmo conosco.

As crianças aprendem sobre si mesmas pelo modo que nos comunicamos com elas. O primeiro ponto é saber que não precisamos ser perfeitos para criar filhos. O importante é ter uma boa relação consigo mesmo para que possamos fazer escolhas mais conscientes e estar mais presente na relação com os filhos. A verdadeira autoestima vem de nos sentirmos aceitos, de saber que nossos pais nos acolhem exatamente como somos, para que possamos também nos aceitarmos por inteiro.

Fazer coisas com os nossos filhos, amá-los não pelo que fazem, mas pelo que são. Geralmente queremos e buscamos ajuda para saber "como" resolver determinados comportamentos – "Como faço para ele se comportar melhor, ser mais obediente, parar com as birras ou não brigar na escola?", mas talvez devamos questionar "o porquê" de determinados comportamentos. Isso nos levará à resposta e a entender o que causa o comportamento e como a criança se sente. Mudando o foco da nossa atenção, trazendo curiosidade em compreender a necessidade não satisfeita que causa o comportamento, podemos agir de maneira mais assertiva.

Isso faz toda diferença, porque passamos a entender e valorizar a necessidade da criança. Quando nos relacionamos com um adulto, respeitamos as opiniões, as necessidades e emoções dele, por que não fazemos o mesmo com a criança? Isso é respeito, não é porque se trata de uma criança que podemos desrespeitá-la. E isso não significa que a criança terá sempre o que quer, que não falaremos não. Mas a maneira como eu digo e me relaciono faz a diferença. Por exemplo, a criança diz que está com fome e quer comer batata frita. Podemos dizer no automático: "Batata frita? Era só o que faltava! Se deixar, só quer comer isso". De modo respeitoso e presente, podemos dizer: "Também estou com fome! Sei que gosta muito de batata frita e hoje acho importante comermos algo mais saudável". É importante criar um ambiente de presença, de abertura e de verdade.

> Ser um pai ou uma mãe consciente e *mindful* significa que temos uma intenção e que nos mantemos conscientes dela quando interagimos com nossos filhos.
> (ÖVÉN, 2022, p. 52)

Defina suas intenções

Quando você tem intenções definidas, consegue avaliar o que é mais importante naquele momento e qual a atitude mais correta a tomar. As intenções são como um guia para quando se sentir perdido ou inseguro.

- Quais são as minhas intenções enquanto pai ou mãe consciente?
- O que estou fazendo (minhas atitudes) está de acordo com minhas intenções?

É importante esclarecer que intenção é diferente de objetivos, pois estes criam pressão e pouca compaixão, trazendo estresse, ansiedade e culpa. Também é importante tomar cuidado para que as intenções não virem expectativas que são inimigas de qualquer relação. Ter intenções bem definidas nos ajuda a escolher a forma que vamos agir e nos dá a oportunidade de ajustarmos nossas condutas sempre que sentirmos necessidade.

Praticar *Mindfulness* nos ajuda a quebrar o ciclo da reatividade, da impulsividade e a presença nos traz a possibilidade de pensarmos antes de agir. Podemos cultivar *Mindfulness* de diversas formas – pela meditação *Mindfulness*, inserindo atenção plena e as atitudes *mindful* nas atividades do nosso dia a dia e na interação com nossos filhos. As Atitudes *Mindfulness* nos ajudam a vivenciar a realidade, as experiências como são. São elas:

Não julgamento: abordar a situação sem julgar seus sentimentos e pensamentos ou os do seu filho. É olhar as coisas como elas são de verdade, sem passar pela distorção de nossas interpretações. Quando perceber a mente julgando, não precisa impedi-la de fazer, apenas esteja consciente do julgamento.

Paciência: compreender e aceitar que às vezes as coisas precisam acontecer no seu próprio ritmo. Ser paciente é estar completamente aberto para cada momento, aceitando-o plenamente, pois as coisas só acontecem no seu devido tempo. É deixar ir a expectativa dos resultados que esperamos da criança se dê no tempo que desejamos, idealizamos e/ou planejamos.

Mente de principiante: uma mente que está disposta a ver tudo como se fosse a primeira vez. Temos a tendência a achar que "sabemos" de tudo e isso nos impede de ver as coisas como elas realmente são. "Uma mente aberta, "de principiante", permite que estejamos receptivos a novas possibilidades e nos livra da prisão da rotina dos conhecimentos atuais, que costumamos considerar maiores do que realmente são. Nenhum momento é igual ao outro. Cada um é único e contém possibilidades inusitadas" (KABAT-ZINN, 2021, p. 81). A criança naturalmente é curiosa e está sempre explorando o mundo que a cerca; com o passar do tempo, vamos perdendo esse olhar. Cultivar uma mente de principiante vai te ajudar a construir um novo olhar para a vida e a entender o seu filho a partir de outra perspectiva, mais curiosa, mais disponível e presente.

Confiança: confiar em si mesmo, no seu corpo, em suas emoções, em sua sabedoria e bondade, mesmo que às vezes você erre. Seja você mesmo, assumindo a responsabilidade de ser você. Do mesmo modo, confie no seu filho, nas competências e capacidades dele. A criança precisa sentir que os adultos próximos confiam nela para o bom desenvolvimento da autoestima. Quando confiamos, abrimos mão do controle, do julgamento e da preocupação.

Não lutar/não esforço: estar no momento presente sem querer mudar nada. Sem lutar contra seus pensamentos e emoções e os do seu filho. Apenas prestando atenção em como estamos neste momento, sem resistir. Como diz Carl Jung "Tudo aquilo que resiste, persiste".

Aceitação: ver as coisas como elas realmente são. Não significa resignação passiva, não significa concordarmos, é uma constatação da realidade e assim agir de modo mais apropriado. É evitar o impulso de querer evitar, consertar ou lutar contra. Isso não significa que os pais aceitem todos os comportamentos. Em vez disso, que aceitem a emoção que está impulsionando o comportamento para que possam ajudar a criança durante a experiência difícil. Que também aceitem as próprias emoções sem julgarem por se sentirem culpados, zangados ou entediados. A aceitação permite aos pais estarem abertos aos acontecimentos e essa abertura ajuda a evitar reações automáticas, palavras e ações impulsivas.

Soltar/não apego: deixar as coisas serem como são e aceitar as coisas como são. Temos a tendência de nos apegar a certos pensamentos, sentimentos e experiências e a querer evitar outras por serem de algum modo desagradáveis, dolorosas ou assustadoras. É deixarmos de lado essa experiência de apego e rejeição, apenas observamos momento a momento. Abrimos mão dos julgamentos. Controlar é o oposto de soltar. Soltamos, deixamos ir, as expectativas irreais sobre nossos filhos, os julgamentos e as preocupações.

Gratidão: ser grato pelo momento presente. Uma pessoa grata é uma pessoa mais feliz, porque a gratidão implica saber reconhecer as dádivas que chegam a você. Separe um momento do dia com seu filho para elencar alguns pontos pelos quais vocês são gratos naquele dia. Assim você o ensina a olhar para o positivo e tirar o foco do negativo.

Generosidade/gentileza: a generosidade é dar sem esperar nada em troca. A gentileza é considerada o primeiro passo para a compaixão. É ensinar a criança a ser generosa/gentil com o outro e consigo mesma, com acolhimento ao que se sente e pensa, seja na dor ou na alegria, momento a momento.

Compaixão/autocompaixão: é o sentimento que surge ao reconhecer o sofrimento do outro, que implica um desejo em ajudar. O mesmo conceito se aplica à "autocompaixão", trocando o "outro" por "mim mesmo". É compreender a posição da criança e ajudá-la a compreender as próprias emoções e as aceitarem completamente. É abordar a si mesmo e ao seu filho com profunda compreensão e com menos culpa, caso uma situação não saia como você esperava.

A prática regular de *Mindfulness* nos traz autoconhecimento, autoaceitação, equilíbrio emocional, bem-estar e nos ajuda a melhorar nossa interação com nossos filhos. Quando estamos menos ansiosos e menos estressados, tendemos a ser menos reativos e, assim, nossa tendência é melhorar nosso relacionamento com os filhos.

Você deve ter percebido que, quando trabalhamos uma atitude, outras estão envolvidas. É assim mesmo, elas estão interligadas. Reflita: quais atitudes *Mindful* são mais importantes na sua vida nesse momento? Como você pode colocar *Mindfulness* em sua vida?

Vamos praticar?

Na próxima semana, procure trazer a atenção para as atividades do seu dia a dia, pode ser dirigir, comer, tomar um banho, estar com seus filhos, enfim. Observe com detalhes as ações desempenhadas na atividade escolhida. Por exemplo, se for tomar banho com atenção plena, traga sua atenção ao toque da água no seu corpo, ao cheiro do sabonete, do shampoo, ao toque dos dedos na cabeça, leve sua atenção a cada passo do banho. Ao perceber que a mente se distraiu, simplesmente note para onde os pensamentos te levaram e, com gentileza, traga a atenção de volta para a atividade.

Escolha também uma atitude por semana para praticar no seu dia a dia e na relação com seu filho. Observe os resultados. Para desenvolver a atenção plena, você também pode fazer práticas meditativas. Acesse o site melinavalerio.com.br e veja algumas práticas. Crie a intenção de praticar diariamente e estabeleça esse compromisso consigo mesmo.

Inserir a prática regular de *Mindfulness* em sua rotina vai te ajudar a aumentar a qualidade da sua presença no tempo que passa com seu filho, possibilitando uma maior conexão entre vocês, melhorando desde o comportamento dele até a intimidade familiar.

Quer saber qual o seu nível de presença neste momento? Responda ao teste no site www.melinavalerio.com.br

Referências

DEMARZO, M.; CAMPAYO, J. *Manual prático de mindfulness: curiosidade e aceitação*. São Paulo: Palas Athena, 2015.

KABAT-ZINN, J. *Viver a catástrofe total: como utilizar a sabedoria do corpo e da mente para enfrentar o estresse, a dor e a doença*. 81. São Paulo: Palas Athenas, 2021.

ÖVÉN, M. *Educar com mindfulness: guia de parentalidade consciente para pais e educadores*. Porto: Porto Editora, 2022.

SANCHES, L. *Mindfulness para pais: dicas de parentalidade consciente para pais tranquilos e filhos felizes*. São Paulo: Matrix, 2018.

SIEGEL, D.; HARTZELL, M. *Parentalidade consciente: como o autoconhecimento nos ajuda a criar nossos filhos*. São Paulo: nVersos, 2020.

13

ACOLHER E ENCORAJAR, SIM! ROTULAR NÃO!

Neste capítulo, os pais e responsáveis perceberão a importância de conhecer e entender o perfil comportamental de cada criança para não julgar e rotular, mas sim acolher e encorajar.

MICHELE GAMEIRO

Michele Gameiro

Contatos
michelegameiro@gmail.com
Facebook: michelegameiropsi
Instagram: @michelegameiropsi
47 99225 8324

Mãe da Amábile e do João Pedro. Apaixonada e realizada com a missão da maternidade. Vive com o lema: "Permita-se florir". Psicóloga clínica. Especialista em Neuropsicologia e Psicopedagogia. Idealizadora dos grupos: Pais Restaurados e Baú das Emoções. Coautora dos seguintes livros: *Encorajando pais: práticas para educar crianças e adolescentes confiantes e capazes*, *Cultivando equilíbrio na família* e *Acolhendo a criança interior*. Coprodutora do curso on-line: Descomplicando Emoções. Facilitadora dos Programas: Encorajando Pais e Inteligência Emocional 4 Estações. Acredita que criar redes de apoio para os pais, visando encorajá-los e orientá-los, fará grande diferença na vida de nossas crianças e adolescentes, tornando-os mais resilientes e encorajados para enfrentar os desafios da vida.

Compreender nossos filhos é uma das nossas maiores provas de amor.
MICHELE GAMEIRO

Lembro tão bem quando recebi o resultado da segunda gestação. Aquele positivo tomou conta do meu ser, eu não conseguia me conter de tanta felicidade e a primeira pessoa que soube foi minha filha, que estava ao meu lado. Ah! Como festejamos essa notícia. De tantas experiências vividas nessa gestação, lembro-me de uma dúvida: "será que conseguirei amá-lo tanto o quanto amo minha filha?" E logo obtive a feliz resposta, pois senti em meu coração que o amor só iria aumentar e não dividir. De fato, foi isso que ocorreu. A história do meu filho é linda, pois desde o ventre mostrou o quanto é forte, firme e guerreiro, pois lutou desde o início pela sua sobrevivência.

Quando chegou ao mundo, trouxe mais amor ainda à família. Ao me lembrar de sua chegada, lágrimas escorrem em meu rosto. Desde bebê demonstrou a diferença entre ele e a irmã mais velha e como mãe procurei entendê-lo, porém, seu perfil muito independente, "cheio de si", direto, lutando pelo que queria, precisando de respostas imediatas para as perguntas, fez com que eu buscasse compreender a diferença entre os perfis dos dois filhos, pois estava comparando-os e, com isso, desencorajando meu filho.

Em um determinado dia, um fato desconfortável aconteceu e me fez correr atrás de ajuda. Meu filho, escutando minha conversa com outro adulto, de repente respondeu algo sobre o que escutou. O adulto envolvido na história se chateou e respondeu algo para ele e saiu do lugar. Naquele momento, falei com meu filho sobre a forma que ele se expressou, corrigi-o e aguardei um pouco para falar com o adulto que se chateou. Esse, ainda chateado, respondeu: "Seu filho não é respeitoso". Ao escutar isso, pontuo sobre a atitude do adulto e que entendi o que meu filho quis expressar, não considerando desrespeitoso, mas sim que ele ainda não havia desenvolvido as habilidades de vida necessárias para ter uma comunicação assertiva e clara.

Michele Gameiro

> É importante ressaltar que não é o comportamento da criança que faz com que o adulto se sinta de determinada maneira. São as interpretações do adulto perante o comportamento da criança que o fazem se sentir assim. Quando o adulto muda a compreensão e reconhece a mensagem codificada, seus sentimentos também mudam.
> (NELSEN, 2015).

O ocorrido abriu uma ferida em meu coração e, como sempre gostei de estudar, aprofundei os estudos na teoria sobre perfis de comportamento – DISC. Mergulhei em leituras sobre o tema, fiz supervisão, trabalhei minha dor na psicoterapia e fui reafirmando cada vez mais o que acreditava: "pessoas feridas, ferem".

O mais bonito desse acontecimento é que, como sempre levantei bandeiras para defender crianças, hoje me posiciono profissionalmente com mais clareza sobre a importância do autoconhecimento, valorização e compreensão dos perfis de comportamento, que falaremos a seguir.

Conhecendo a teoria DISC

Desenvolvida pelo psicólogo William Moulton Marston, no início do século XX, que, estando à frente do seu tempo, tinha o desejo de entender as emoções cotidianas das pessoas comuns. Analisou os padrões de comportamento e reações instintivas de milhares de pessoas e definiu o comportamento como sendo o somatório de quatro fatores básicos, dando origem ao acrônimo **DISC: Dominância, Influência, eStabilidade e Conformidade.**

A teoria afirma que todos nós temos os quatro fatores em nosso comportamento, porém em proporções diferentes, podendo ser estimulados e desenvolvidos, caso seja o desejo da pessoa em questão.

Essa teoria é bastante utilizada para selecionar profissionais e desenvolver talentos nas empresas.

- **Dominância (D):** pessoas com esse perfil são diretas, assertivas, ousadas, firmes e obstinadas para atingir os resultados que desejam. São intensas, com decisão rápida e gostam de assumir riscos, usando as habilidades para alcançar os objetivos. Sentem necessidade de falar e influenciar pessoas e são mais voltadas para ação e resultados. Na área empresarial, costumam nomear esse fator de "Executor", se destacando em funções em que a busca por resultados é decisiva. Por exemplo: situações com possibilidade de fechar novos negócios ou de alcançar metas desafiadoras. Crianças com esse fator predominante tendem a ser rotuladas pelos adultos como crianças desobedientes, autoritárias, atrevidas, teimosas, egoístas e mandonas, pois se expressam de maneira muito intensa e egocêntrica. Como seu perfil é focado em ações e resultados, é importante que os adultos não entrem em uma disputa de poder, mas podemos estimulá-las por desafios e, em vez de darmos ordem, podemos oferecer a ferramenta das escolhas limitadas (escolhas apropriadas e aceitáveis, que serão pré-selecionadas pelo adulto) e deixá-las escolher o que preferem. Desse modo, se sentirão valorizadas e encorajadas a compartilhar o poder, necessidade muito importante para esse perfil. Por exemplo: "você gostaria de segurar minha mão esquerda ou direita ao sair do carro? Você decide". Nesse momento, os pais ensinarão e protegerão a criança.

- **Influência (I):** são pessoas influentes, entusiastas, otimistas, extrovertidas, sociáveis e abertas para conexões e interações sociais. São dispersas, imediatistas, impulsivas e a rotina não é a melhor amiga. Necessitam do contato interpessoal, o trabalho em equipe as motivam, pois esse perfil contribui para manter a positividade e o equilíbrio do ambiente, apresentando criatividade e agilidade nas ações e suas ideias. Nas empresas, costumam ser chamadas de "Motivador" e destacam-se em situações em que há necessidade de interação e trabalho em equipe, conquista de novos clientes e apresentação de negócios, produtos e serviços. Já as crianças com esse perfil predominante podem ser rotuladas como intrometidas, inquietas, inadequadas, metidas, falantes e até hiperativas. Como seu perfil é focado em pessoas e relacionamentos, é importante que os adultos as ajudem a não se preocuparem tanto com que os outros pensarão delas, mas sim que se valorizem. Podemos sugerir também que elas participem de atividades em grupo, apresentações, ou seja, de atividades onde possam falar, se expressar e usar a criatividade.

- **eStabilidade (S):** são pessoas pacientes, seguras, atenciosas, com muita disposição para servir e com propensão para os relacionamentos interpessoais. Escutam mais do que falam e valorizam avaliar e ponderar, pois precisam da previsibilidade. São empáticas, tolerantes, calmas e possuem um ritmo próprio e constante, necessitando de rotina. Não gostam de conflitos, evitando-os e, muitas vezes, mesmo achando que estão certas em uma determinada situação, não discutem. Nas empresas, exercem o estilo de liderança "Metódico", destacando-se em situações que precisam de bastante desenvoltura, ou seja, em áreas que envolvam a necessidade de suporte a outras pessoas, tanto para informar e educar, quanto para servir e ajudar. Quando crianças têm esse perfil predominante, costumam ser vistas pelos adultos como obedientes, aceitando tudo sem reclamar, tímidas, lentas, inseguras, as que são feitas de boba pelos outros. Escutar rótulos vindo de adultos pode desencorajá-las e destruir a autoestima. Se o adulto perceber que elas estão muito caladas ou reservadas, encoraje-as para conversar e se enturmar, mostrando que elas têm o seu apoio, incentive que exponham opiniões e incômodos. Como a tomada de decisão é

Michele Gameiro

mais lenta, é preciso que o adulto respeite o tempo delas, encorajando-as e explicando o passo a passo de uma tarefa a ser executada.
• **Conformidade (C):** pessoas com esse perfil apresentam altos níveis de precisão, são lógicas, analíticas, racionais, reservadas, preocupadas, detalhistas e sistemáticas, pois a tomada de decisão necessita de cautela e fundamentação. Observadoras, só falam quando têm certeza e, às vezes, têm dificuldade em expressar o que sentem. Exercem nas empresas o estilo de liderança "Sistemático" e tendem a atuar com muita excelência em funções técnicas ou em áreas voltadas para a qualidade, bem como na resolução de problemas. Crianças com esse traço mais intenso, muitas vezes, são rotuladas pelos adultos como fechadas, antissociais, sérias, que não gostam de brincadeiras, que levam tudo "a ferro e fogo", insensíveis, pessimistas (pois focam no que pode dar errado), mandonas e chatas. Como não possuem necessidade de influenciar pessoas, são aquelas crianças que "gostou de mim gostou, se não gostou, eu não ligo." Com toda essa "bagagem" que os adultos colocam em suas vidas, sentem-se inadequadas e não pertencentes aos ambientes e podem se fechar em seu mundo e o adulto precisa motivá-las a interagir com os amigos. Precisamos respeitar seu espaço, apresentar respostas para os seus "porquês" e ensinar que os erros são oportunidades de aprendizado, pois seu nível de autocobrança é altíssimo.

> É possível a qualquer pessoa que conheça o próprio perfil desenvolver certas qualidades, aprendendo a usar melhor seus aspectos comportamentais positivos, e a ajustar os eventualmente negativos.
> (VIEIRA & SILVA, 2018, p. 76)

Aqui foram apresentadas apenas algumas características de cada perfil para entendermos a particularidade de cada pessoa e que não podemos colocar pessoas em "fôrma" e achar que são todas iguais. Deixo o convite para você que faz essa leitura e tem interesse em se aprofundar a ler mais sobre a Teoria DISC.

Se cada pessoa tem suas características peculiares, como posso julgá-la sem ao menos conhecer sobre seu perfil? Ao julgar uma criança, ela pode desenvolver comportamentos inadequados, visto que pode se sentir rejeitada e não amada.

É importante pensarmos que todo comportamento que a criança expressa é uma forma de comunicação, porém, muitas vezes, o adulto leva o comportamento da criança para o lado pessoal, vendo e compreendendo na visão do adulto, enquanto a criança desenvolverá suas habilidades de acordo com a compreensão e desenvolvimento neurológico para a idade. Precisamos mudar urgentemente essa visão, visto que a capacidade de compreensão da criança é diferente, pois ainda se encontra em desenvolvimento e fica como se imprimíssemos rótulos que poderão influenciar a vida futura. Cada um desenvolverá a caminhada conforme seu perfil e sua aprendizagem sociocultural. O importante é que a criança seja estimulada e acolhida pelos adultos e possa ser livre para se desenvolver, mas para tal é fundamental que os pais conheçam sobre a teoria aqui abordada.

Hoje, ao atender pais e adultos, ajudo-os a compreender os perfis de comportamento e percebo que eles têm mais dificuldade em aceitar os perfis Dominância e Conformidade. Os adultos estão tão feridos que não se dão conta do quanto estão ferindo as crianças, com falas agressivas, rotulando-as e não encorajando-as. Acredito que a humanidade grita de dor, pedindo menos rótulos, menos julgamentos e mais encorajamento. Por isso, considero tão importante, elaborar meios para desenvolver as habilidades, seja para os pais como para os filhos. A criança precisa de espaço para explorar e descobrir as próprias capacidades e potencialidades, mas também necessita receber limites dados pelos pais, que devem ser embasados na gentileza e firmeza.

Como aprendemos a negligenciar nossas emoções, a tendência é negligenciar a dos filhos também. Como nos apresenta o psiquiatra Daniel J. Siegel, "comportamento é comunicação". Quando vemos comportamentos dos quais não gostamos, eles estão nos dizendo: "Ajude-me! Preciso de capacidade nesta área" (2019, p. 156).

Se imagine nesta situação: seu filho apresenta um comportamento que você não consegue ainda lidar bem e percebe que seu próprio limite foi extrapolado, perdendo assim a regulação das suas emoções. Imagine o neurônio do cérebro do filho o convidando para entrar, vou chamá-lo aqui de "Neurônio Anfitrião". Educadamente ele lhe apresenta cada parte do cérebro e como seu filho se sentiu em relação àquela situação ocorrida, assim, você consegue sentir o mesmo que seu filho. O neurônio age com empatia, lhe pergunta se quer se sentar, se precisa de alguma ajuda, pois percebe que você está sentindo a dor de seu filho, parecendo até estar com dificuldade para suportar. Após conversarem e vivenciarem momentos empáticos, vocês se despedem e ele pede que volte mais vezes para visitá-lo.

Momento reflexivo: como é prazeroso conseguir me colocar no lugar do outro, compreender as dificuldades e dores do meu filho! Assim, sinto meu limite de viver expandindo diante das dificuldades surgidas no cotidiano.

Acolhendo-me para acolhê-lo

Assim como nos diz Rosenberg (2006, p. 84), "infelizmente, a maioria de nós nunca foi ensinada a pensar em termos de necessidades. Estamos acostumados a pensar no que há de errado com as outras pessoas sempre que nossas necessidades não são satisfeitas". Se conseguirmos, em nossa prática diária, inserir duas perguntas: "Do que eu preciso?" e "O que eu gostaria de pedir ao outro em relação às minhas necessidades?", em vez de apontar o erro, encontraremos maneiras de atender as necessidades de todos, permitindo também aos filhos vivenciarem experiências empáticas, inclusive acolhendo a vulnerabilidade dos pais.

É preciso acolher e fortalecer nossas dores, reafirmando que não precisamos dar conta de tudo e que as habilidades parentais são desenvolvidas ao longo da vida, praticando-as por meio dos desafios que surgem na educação com os filhos e que cada filho traz uma experiência diferente para toda a família.

É necessário mudar também alguns comportamentos que se encontram enraizados em nossas mentes, por exemplo: **não levar tudo para o lado pessoal**, pois, dessa forma, entramos em uma disputa por poder com o filho. Assim, como **não adotar a posição de juízes**, pois julgamos e condenamos o que o filho sente ou pensa, afastando-o, e **não nos colocar no papel de vítima**, pois, assim, acusamos o filho de ser ingrato e não reconhecemos e valorizamos tudo o que é feito por ele. Essas são apenas algumas barreiras que nos impedem de ter uma comunicação mais aberta, compreensiva e assertiva com nossos filhos.

Na maioria das vezes, entendemos que possuímos limitações, mas não conseguimos acolhê-las. Para que desenvolvamos experiências empáticas com os filhos, precisamos primeiramente praticar conosco. Como posso ser empático com o outro se não uso essa habilidade comigo?

Para tal, nem sempre conseguimos desenvolver sozinhos, por isso precisamos pedir ajuda para um profissional da psicologia. Acredito ser o melhor caminho e, ao mesmo tempo, ser amoroso e acolhedor com nossas necessidades de desenvolvimento no papel de pais e filhos, agindo com humildade diante da grande arte que é educar filhos.

Mudando a rota... sempre dá tempo!

Minha ferida está cicatrizando, pois o processo do autoconhecimento está passando primeiro por mim, para que possa acolher meu filho por completo.

Meu perfil predominante é o eStabilidade e meu filho tem características do perfil Conformidade, sendo um perfil que muitas pessoas rotulam como fechado, de pouco sorriso, crítico e incisivo. Ao entender sobre seu perfil, hoje consigo prever as reações e ter uma comunicação mais assertiva com ele. Mas o caminho é longo, tenho muito a desenvolver e a melhorar.

Com essa fala, digo que busquei e busco olhar para meu filho com outras lentes, respeitando seu jeito de ser e dando a ele o que precisa, sem deixar de ser eu mesma. Percebo o quanto ele tem para agregar neste mundo, pois sua missão é grande e só está começando.

Quando desenvolvemos nossas habilidades parentais e entendemos por que aquela criança age de certa maneira, não a julgando ou rotulando, mas acolhendo e encorajando seu perfil, essa fica menos propensa a sentir culpa, ansiedade, perder a paciência ou agir de maneira ríspida e impulsiva. Tornamo-nos capazes de prever as reações da criança e ajudá-la a se adaptar e a desenvolver habilidades de vida.

Vejo muito pais acolhendo e apoiando o movimento **"Estudar para educar"**, entendendo que paradigmas estão sendo quebrados e que novas ferramentas precisam ser inseridas na educação dos filhos, para que ajam de maneira mais efetiva e assertiva, pois nossos filhos agirão melhor se sentirem melhor. **Vamos juntos?**

Referências

NELSEN, J. *Disciplina Positiva*. 3. ed. Barueri: Manole, 2015.

ROSENBERG, M. B. *Comunicação não violenta: técnicas para aprimorar relacionamentos pessoais e profissionais*. São Paulo: Ágora, 2006.

SIEGEL, D. J.; BRYSON, T. P. *O cérebro que diz sim: como criar filhos corajosos, curiosos e resilientes*. São Paulo: Planeta, 2019.

VIEIRA, P.; SILVA, D. *Decifre e influencie pessoas: como conhecer a si e aos outros, gerar conexões poderosas e obter resultados extraordinários*. 4. ed. São Paulo: Gente, 2018.

A IMPORTÂNCIA DE UMA ROTINA ESTRUTURADA PARA O DESENVOLVIMENTO DA CRIANÇA

Criar uma rotina, desde cedo, colabora e muito para que as crianças cresçam mais confiantes e independentes. Quando elas sabem o que vai acontecer durante o dia, a repetição dos eventos faz que tenham a sensação de conforto e segurança. Mas colocar uma rotina em prática não costuma ser tão fácil. A correria do dia a dia e a falta de tempo dos pais podem atrapalhar no estabelecimento de uma rotina com os filhos.

PATRICIA ROCHA BUSNARDO

Patricia Rocha Busnardo

Contatos
www.patriciabusnardo.com.br
contato@patriciabusnardo.com.br
11 98802 0472

Psicóloga formada pela UNORP – S. J. do Rio Preto. Pós-graduada em Psicopedagogia e Gestão de Pessoas. Educadora parental em Disciplina Positiva, certificada pela Positive Discipline Association (PDA/USA). Facilitadora do programa Encorajando Pais. Trabalha como psicóloga clínica, com atendimento infantojuvenil e orientação de pais.

> *De onde tiramos a ideia absurda de que,*
> *para levar uma criança a agir melhor,*
> *antes ela precisa se sentir pior?*
> JANE NELSEN

Assim como os adultos aprendem a lidar com o tempo, administrando o horário de trabalho, momentos para cuidados pessoais e de outros afazeres, a criança também precisa aprender que existe horário para cada pequena atividade ou tarefa durante o dia. A rotina tem papel estruturante na vida da criança, dando conforto e segurança a ela.

As crianças veem o mundo como um lugar fascinante, especialmente quando desenvolvem mais autonomia e maior capacidade física e intelectual para explorá-lo. No entanto, muitas vezes, ficam frustradas quando acham que não têm habilidades para realizarem o que querem.

Uma criança que possui uma rotina estruturada tem mais facilidade em entender as regras, os limites e, possivelmente, se tornará um adulto responsável.

À medida que os pais se estruturam e se organizam em rotinas, poderão oferecer uma base de bem-estar emocional e segurança para que os filhos cresçam e se desenvolvam.

Será que a criança precisa ter rotina? Ter horário para tudo? Horário para acordar, horário para brincar, horário para comer, horário para o banho, horário para dormir? Parece exagero, não é? Mas não, a rotina pode favorecer no desenvolvimento da criança.

Como aprendemos mais as coisas que vivenciamos durante a vida, quando a criança tem uma rotina estruturada, ela aprende que cada lugar/ambiente tem sua função, assim como cada horário serve para uma determinada atividade. Aprende que precisa existir o início, o meio e o fim das coisas – seja a brincadeira, a tarefa e até o dia. Aprende a administrar o tempo de modo a torná-lo mais produtivo e proveitoso na infância e na vida adulta.

Uma rotina estruturada é um organizador psíquico e um marcador de como o mundo funciona. Ela faz toda a diferença no processo de aprendizagem e de raciocínio. A criança entende que, quando ela imagina, tudo funciona daquele jeito. Quando não há previsibilidade, quando as coisas são inesperadas, a criança se sente mais assustada, e tudo que ela imagina, não necessariamente acontece. A falta de previsibilidade atrapalha o processo de pensar da criança.

Mas ter uma rotina estruturada não significa ter uma rotina rígida. A flexibilidade é importante, assim como a folga. Nos momentos de folga, a criança pode criar, imaginar, sentir, brincar, notar aquilo que está à sua volta. Dar tempo para a criança brincar livre e explorar favorece o desenvolvimento criativo, emocional e intelectual, faz que ela esteja mais presente no mundo e mais atenta ao que acontece ao seu redor.

No "minuto um" do nascimento, o bebê já começa a ser introduzido a uma rotina, todos os cuidados que oferecemos a ele: amamentação, troca de fralda, horário de dormir, são rituais que já introduzem a uma ideia de rotina e de como o mundo funciona. A sensação de previsibilidade que a rotina oferece é essencial para o desenvolvimento cerebral da criança, principalmente no que se refere à autoestima, à autoconfiança e à autorregulação emocional.

A rotina é limite, é norte, é o orientador da criança, é o que a situa no mundo, ajudando-a a se compreender e a compreender como são as coisas à sua volta. Ela delimita, regula e tranquiliza.

É cultural acreditar que ter uma rotina torna a vida monótona, contudo é preciso saber diferenciar sobre que tipo de rotinas estamos falando. Existem rotinas que são monótonas, como acordar, tomar café da manhã, ir trabalhar, almoçar, retornar para casa, fazer as tarefas diárias, assistir à TV e dormir. Acordar no dia seguinte e fazer exatamente a mesma coisa. Isso é monotonia.

Rotinas estruturadas são tarefas, procedimentos, processos a serem executados constantemente, mas que são programados. Não são monótonas, porque precisam ser executadas, fazem parte do dia a dia, do trabalho, do desenvolvimento de um projeto. As rotinas estruturadas ajudam a ter uma percepção do que precisa ser feito e se aproximam mais de hábitos do que de monotonias.

Dicas para organizar a rotina com as crianças

Quadro de rotinas: na organização de uma rotina para os filhos, uma dica para os pais é construir uma tabela incluindo todas as atividades realizadas pela criança durante o dia.

Momento em família: outra dica que traz um ótimo resultado é, ao montar a rotina do seu filho, acrescente um momento de lazer para a família. O convívio entre pais e filhos sempre será o mais importante para o desenvolvimento da criança. As crianças desenvolvem percepções e habilidades naturalmente quando lhes é permitido trabalhar lado a lado com seus pais, recebendo treinamento enquanto fazem as atividades. Precisamos compreender nossa obrigação de oferecer oportunidades às crianças para que desenvolvam responsabilidades e motivação.

Uma rotina saudável não precisa ser cheia de atividades, as quais ocupam todo o tempo da criança. A rotina saudável permite à criança ter autonomia e independência para cumprir as tarefas de maneira prazerosa e não por obrigação. Por isso, respeitar os limites do seu filho é fundamental. Perceba quando ele estiver cansado e não quiser fazer alguma tarefa. E, principalmente, respeite quando ele conseguir dizer isso.

Definir a rotina das crianças pode parecer uma tarefa complexa, no entanto o acompanhamento da família torna o processo muito mais leve e tranquilo. Tenha em mente que essas ações são imprescindíveis para o desenvolvimento infantil, e que, ao assimilar as obrigações e prioridades, o pequeno estará mais preparado para enfrentar os desafios da vida adulta.

Referências

NELSEN, J. *Disciplina positiva: o guia clássico para pais e professores que desejam ajudar as crianças a desenvolver autodisciplina, responsabilidade, cooperação e habilidades para resolver problemas.* 3. ed. Barueri: Manole, 2015.

NELSEN, J. *Disciplina positiva para crianças de 0 a 3 anos: como criar filhos confiantes e capazes.* Barueri: Manole, 2018.

SIEGEL, D.; BRYSON, T. *O cérebro da criança: 12 estratégias revolucionárias para nutrir a mente em desenvolvimento do seu filho e ajudar sua família a prosperar.* São Paulo: nVersos, 2015.

SIEGEL, D. J.; BRYSON, T. P. *O Cérebro que diz sim: como criar filhos corajosos, curiosos e resilientes.* São Paulo: Planeta, 2019.

15

MEDO DA VULNERABILIDADE NA ADOLESCÊNCIA. QUAIS SÃO AS CONSEQUÊNCIAS?

Descobrir que a vulnerabilidade não é demonstração de fraqueza e que a exposição emocional que enfrentamos diariamente é natural e necessária ao nosso desenvolvimento humano foi uma descoberta libertadora e muito encorajadora. Descobri também que entender e aceitar nossa vulnerabilidade nos permite acolher e encorajar a vulnerabilidade em nossos filhos. Assim, este capítulo tem a intenção de convidar vocês, pais, para uma importante reflexão: estamos preparados para aceitar, acolher e encorajar a vulnerabilidade em nossos filhos adolescentes?

ROSANIA MARIA INÁCIO FERREIRA

Rosania Maria Inácio Ferreira

Contatos
rosaniamif@yahoo.com.br
Instagram: @rosaniai
Facebook: Rosania Maria Inácio Ferreira
62 99213 4368

Licenciada em Letras Vernáculas e especialista em Linguística – UFG. Professora de redação no Colégio WRJ, com mais de 25 anos de experiência. MBA em Gestão de Pessoas por Competências e *Coaching* – IPOG. Programação Neurolinguística (PNL) –USP. Formação em Eneagrama – Instituto Eneagrama Shalom. Pedagogia Sistêmica – IDESV. Formação em Abordagem Sistêmico - fenomenológica – IDESV. Formação em Constelação Individual com Bonecos e Âncoras – Clínica Enteléquia. Formação em Disciplina Positiva – Positive Discipline Association. Formação em Educação Socioemocional e Vivências Socioemocionais para Professores – Instituto Ser Educativo. Educadora parental, apaixonada pela educação e pelo desenvolvimento humano.

> *Ser "perfeito" e "à prova de bala" são conceitos bastante sedutores, mas que não existem na realidade humana. Devemos respirar fundo e entrar na arena da vida em vez de nos sentarmos à beira do caminho e vivermos de julgamentos e críticas, nós devemos ousar aparecer e deixar que nos vejam. Isso é vulnerabilidade. Isso é a coragem de ser imperfeito. Isso é viver com ousadia.*
> BRENÉ BROWN

Você sabe o que é vulnerabilidade? Não? Até bem pouco tempo, eu também não sabia. E sabia ainda menos sobre a importância da vulnerabilidade na educação dos nossos filhos adolescentes. Pois bem, segundo o dicionário, vulnerabilidade significa suscetibilidade de ser ferido ou atingido; fragilidade. É também característica de algo que está sujeito às críticas por apresentar falhas ou incoerências. Logo, podemos concluir que vulnerabilidade é condição inegável da nossa natureza humana.

Agora então, desejo fazer outros questionamentos para que você, pai ou mãe, possa refletir. Quem nunca se sentiu fragilizado ou até mesmo perdido ao educar seu(sua) filho(a)? Quem nunca se flagrou sendo incoerente ao educar? E, por último, quem nunca foi criticado e julgado ao educar o(a) filho(a)? Assim, parafraseando o maior educador de todos os tempos "...que atire a primeira pedra quem nunca...", não é mesmo?

Nós, pais, conhecemos bem a árdua e desafiadora tarefa de educar e formar outro ser humano. Apesar das nossas limitações e da ausência de muitas habilidades necessárias para tal tarefa, nos aventuramos neste mundo desconhecido. É verdade também que muitos de nós ainda acreditamos que educar é uma tarefa instintiva e que vamos fazer o "que é certo" no momento necessário. No entanto, precisamos revisitar algumas de nossas crenças e entendermos que precisamos, sim, estudar para educar de maneira mais assertiva e encorajadora.

Dessa forma, este capítulo é um convite para mergulharmos juntos em uma importante reflexão sobre o impacto da vulnerabilidade na educação

Rosania Maria Inácio Ferreira

e formação dos nossos jovens. É também um convite para olharmos para o próprio medo de nos sentirmos frágeis e vulneráveis. Precisamos olhar para o medo de errarmos na educação dos nossos filhos, para o medo de não sermos pais bons o bastante e de não fazermos o suficiente. Medo de sermos julgados. Medo de não darmos conta de tantas demandas e de falharmos na formação de um indivíduo autônomo e emocionalmente saudável.

Assim sendo, para essa necessária e importante reflexão sobre a vulnerabilidade, não podemos deixar de buscar referências na ampla pesquisa realizada por Brené Brown (2016) e compartilhada nas obras de sua autoria. De acordo com a autora, a vulnerabilidade corresponde ao ato de compartilhar sentimentos e experiências com pessoas que conquistaram o direito de conhecê-los. Portanto, é a nossa capacidade de permitir que o outro saiba o que estamos pensando e sentindo. É também permitir que conheçam nossas necessidades não atendidas em determinado momento. É permitir que o outro veja a nossa imperfeição humana e conheça nossos medos e incoerências tão presentes na forma de pensar, falar e agir.

Todavia, devemos retomar o conceito "...pessoas que conquistaram o direito de conhecer nossos sentimentos..." para, então, fazermos alguns importantes questionamentos: "Quem são essas pessoas?"; "Em quem podemos confiar para entregar nossas emoções de maneira tão autêntica e verdadeira?" É necessário lembrar que, na sociedade moderna, a competição e a comparação são comportamentos estimulados na educação desde a primeira infância. Além disso, a desconfiança também é propagada e estimulada como ferramenta de autoproteção e mecanismo de defesa.

A fim de protegermos nossos filhos e com a esperança de garantir o tão almejado 'sucesso', estimulamos o individualismo, a competição e o isolamento social acreditando que, assim, serão felizes e alcançarão a tão desejada qualidade de vida.

A princípio, poderíamos pensar que tal postura exista apenas para além dos muros da nossa casa, mas dentro do 'ninho' reina a confiança e o acolhimento. Será mesmo? Gostaria muito de acreditar que nossos filhos se sentem seguros e acolhidos para serem vulneráveis em nossa casa, em nossa presença e que confiam em nós, pais, para acolher suas "fraquezas" e dificuldades sem julgamentos ou condenações. No entanto, infelizmente, na condição de mãe de dois jovens e professora de adolescentes há 25 anos, não é a realidade que encontro em meu cotidiano.

Nesse sentido, o que vejo diariamente são adolescentes com medo de sentir, medo de expor seus sentimentos, medo de chorar e de errar, medo de não atender as altas expectativas dos pais e da sociedade. Vejo jovens com medo de fazerem escolhas, medo de tentarem algo novo, medo de arriscarem, fracassarem e não conseguirem fazer parte desta sociedade cada vez mais competitiva, exigente e excludente. Vejo também que, muitas vezes, passam por tudo isso sozinhos, calados e tentando, desesperadamente, esconder a avalanche de medos e incertezas que tumultuam seu mundo interno.

De tal maneira, devemos reconhecer: nossos jovens estão inseguros e, apesar dos excessos de mimos e presentes materiais dos mais diversos, se sentem sozinhos e desejam, acima de tudo, serem vistos (ainda que nas redes sociais) e, principalmente, buscam aprovação dos diversos grupos aos quais pertencem. E, claro, a família é o primeiro e mais primordial grupo social de todos nós, portanto almejamos o pertencimento ao nosso grupo, ao nosso clã.

Ao considerarmos o contexto no qual nossos jovens estão inseridos, uso excessivo das redes sociais e busca constante pela perfeição, vamos nos deparar com um cenário que deve despertar em nós, pais, um alerta: a cobrança exagerada e a busca constante por perfeição e aprovação trazem grande sofrimento, isolamento e até adoecimento aos nossos jovens que buscam atender as elevadas expectativas dos pais e da sociedade. Não por acaso, encontramos diversos estudos alertando para a explosão da ansiedade entre os mais jovens. O psiquiatra Fernando Asbahr, do Instituto de Psiquiatria do Hospital das Clínicas de São Paulo, estima que cerca de 10% das crianças e adolescentes já sofrem de ansiedade. O médico afirma que, "juntos, transtornos do tipo representam os quadros psiquiátricos mais frequentes nessa população".

É assustador pensar que crianças a partir dos 7–8 anos já sofrem de ansiedade e que exista tantas cobranças em relação aos resultados acadêmicos, esportivos e até artísticos. É como se, desde criança, nossos filhos tivessem uma rotina de grande executivo: agenda lotada, diversos compromissos, falta de tempo para o lazer, a família e ainda uma cobrança extenuante para bater metas e alcançar os melhores resultados. E ainda mais lamentável é observar que essa prática tem sido instituída em um número cada vez maior de lares.

Necessidade de pertencimento

Sabemos que aceitação e pertencimento são objetivos primários de toda criança e/ou adolescente, são necessidades básicas e indispensáveis para a formação do ser social que somos. Portanto, todo indivíduo busca pertencer ao grupo e ser aceito por ele. Dado que nosso primeiro grupo é a família, depois a escola e mais tarde este grupo se expande à medida que crescemos e participamos da nossa sociedade, se faz necessário que o indivíduo confie que o seu pertencimento à família está assegurado, independentemente dos resultados que apresente. Nosso pertencimento à família não pode estar condicionado às metas e resultados.

Uma vez que não podemos negar que, hoje, o mundo digital e, por consequência, as redes sociais passaram a fazer parte da rede de relacionamentos dos nossos jovens e até mesmo de muitas crianças, é nosso dever zelar pela autoestima dos nossos jovens e contribuir para que desenvolvam autonomia, segurança e resiliência para que não fiquem dependentes da aprovação e aceitação de terceiros.

Assim sendo, a inserção ao mundo digital acentuou o comportamento narcisista em nossos adolescentes, pois existe hoje uma eterna comparação e um desejo desesperado de fazer parte desse grande grupo e ser aceito por ele. Além disso, as redes sociais despertam nos adolescentes e em adultos um medo extremo de 'ser alguém comum'.

Desse modo, grande parte dos jovens expostos nas "vitrines" das redes sociais almejam uma vida de celebridade, uma vida única, exclusiva, especial e invejável. Todavia, na condição de adultos, sabemos que a vida real é cheia de percalços e desafios. Sabemos também que a vida é imprevisível, instável e que exige de nós resiliência diante das frustrações e adversidades, pois a vida não é escrita em uma linha reta e a pandemia da covid-19 deixou isso muito claro, não estamos no controle todo o tempo.

Logo, precisamos aceitar as adversidades do caminho, desenvolver a capacidade de nos adaptarmos às necessidades de cada momento e buscar soluções rápidas e assertivas aos inúmeros desafios da atualidade. Seguramente, as cobranças e expectativas exacerbadas como também a constante exigência por perfeição em nada encorajam nossos jovens a fazerem escolhas, correrem riscos e buscarem novas alternativas para os problemas atuais ou futuros.

Geração Z – Nativos digitais

Para melhor compreendermos o contexto dos nossos filhos, é importante também entendermos o perfil desta geração que já nasceu conectada e, por vezes, apresenta dificuldades em separar o mundo real do virtual. Dados divulgados pelo Ministério da Saúde no boletim epidemiológico nº 3 revelam que a geração Z (nascidos após 1995) – também conhecidos como "nativos digitais" são mais suscetíveis aos efeitos do estresse. Esses jovens apresentam menos mecanismos para lidar com frustrações e adversidades (menor resiliência) e dificuldades em adiar o prazer (imediatismo). Logo, nossos jovens não estão preparados para enfrentarem, de maneira saudável, as críticas, os julgamentos e até os "cancelamentos" tão presentes no mundo digital. Desse modo, os sentimentos de rejeição e exclusão podem ser devastadores para muitos que já apresentam uma baixa autoestima.

Assim sendo, nossos filhos apresentam uma acentuada dificuldade para aceitar e demonstrar sua vulnerabilidade, pois em nossa sociedade tal conceito está erroneamente associado à fraqueza. No entanto, se entendermos o conceito apresentado por Brené Brown (2016), vamos compreender que aceitar e demonstrar nossa vulnerabilidade é uma prova de coragem e de ousadia e isso nos torna mais fortes, por mais paradoxal que possa parecer. Por isso, devemos nos empenhar para ensinar isso aos nossos filhos.

É necessário também deixar claro que, segundo Brené Brown (2016), a vulnerabilidade não é a superexposição ou o narcisismo que presenciamos nas redes sociais. A vulnerabilidade apresentada pela autora se baseia na reciprocidade, no equilíbrio entre a confiança e a definição de limites. É principalmente compartilhar nossos sentimentos e experiências com aqueles que conquistaram esse direito, lembra? Portanto, o ideal é que nossos filhos encontrem na família, primeiramente, as pessoas com quem possam compartilhar suas dores, seus medos, suas aflições e frustrações. É no contexto familiar que o jovem deve permitir-se ser vulnerável sem medo de ser criticado, julgado ou excluído. É também na família que o jovem deve aprender que a vulnerabilidade mútua e respeitosa traz ao relacionamento maior confiança, respeito, envolvimento e, consequentemente, vínculo afetivo mais forte e saudável.

Assim, desejo finalizar este capítulo lembrando o que aprendi com minha professora e mentora Aline Cestaroli. Nós, pais, somos líderes da família e, se desejamos sucesso nessa importante tarefa, é necessário estudar e desenvolver novas habilidades. Somente assim conseguiremos equilibrar os dois pratos da balança: firmeza e gentileza. Desejo sucesso em sua caminhada e que vocês, pais, sejam líderes assertivos e encorajadores em sua família.

Referências

BROWN, B. *A coragem de ser imperfeito: como aceitar a própria vulnerabilidade, vencer a vergonha e ousar ser quem você é*. Rio de Janeiro: Sextante, 2016.

BROWN, B. *Mais forte do que nunca: caia. Levante-se. Tente outra vez.* Rio de Janeiro: Sextante, 2016.

BROWN, B. *Eu achava que isso só acontecia comigo: como combater a cultura da vergonha e recuperar o poder e a coragem.* Rio de Janeiro: Sextante, 2019.

BROWN, B. *A arte da imperfeição: abandone a pessoa que você acha que deve ser e seja você mesmo.* Rio de Janeiro: Sextante, 2020.

UNITED NATIONS INTERNATIONAL CHILDREN'S EMERGENCY FUND (UNICEF). *The State of the World's Children 2021; On My Mind: promoting, protecting and caring for children's mental health.* Disponível em: <https://www.unicef.org/reports/state-worlds-children-2021>. Acesso em 10 nov. de 2022.

16

A ARTETERAPIA E O LÚDICO
A IMPORTÂNCIA NA PRIMEIRA INFÂNCIA

Todos nós já passamos pela fase das brincadeiras (lúdicas e artísticas) e aprendemos com elas. O capítulo a seguir delineia a importância da arte e do lúdico na primeira infância e sua distinção por fase: nascimento até os seis anos. Você observará a distinção fase a fase do lúdico/artístico, sendo um subsídio positivo que proporciona segurança no desenvolvimento físico, cognitivo, social e emocional de cada criança e que o sustentará por toda a vida.

ROZANA SILVA

Rozana Silva
CRP 08/18680

Contatos
rozanapsicologa@hotmail.com
Instagram: @rozanasilvapsicologa
44 99124 4418

Psicóloga clínica atuante em atendimento para o público infantil, adolescente, adulto e orientação para pais. Especializada em Arteterapia. Graduada em Pedagogia.

A arte, o lúdico e o brincar são fundamentais no desenvolvimento da primeira infância. A arteterapia e o lúdico são portas que se abrem, um campo vasto ao qual se faz uso de várias formas de expressões artísticas e brincadeiras, tendo como intuito despertar a capacidade criadora embutida em cada ser humano. A arteterapia transforma o indivíduo em artista da própria vida, tanto quanto o brincar desperta a criatividade e as emoções.

Todo ser humano possui a capacidade de ensinar outro ser humano pelo brincar, guiando-o a um lugar mais colorido, cheio de aprendizagem. Quando juntamos amor, criatividade, paciência e empatia, desenvolvemos a arte intrínseca em cada um de nós. O lúdico e o brincar guiam crianças na primeira infância a fundarem os alicerces necessários para a vida adulta.

O brincar nos primeiros seis anos de desenvolvimento infantil proporciona um despertar de potencialidades. Para que a criança alcance o pensamento adulto abstrato, ela necessita brincar. É pelas brincadeiras que a criança poderá fazer análises, comparações, lidar com as emoções e sentimentos, fazer associações, classificações, deduções, defender-se, ajudar os outros e, quando adulto, viver a vida de maneira saudável, assim como a auxiliará a ingressar no mercado de trabalho.

Uma boa pergunta a se fazer é: você é obrigado a brincar com seus filhos? A resposta está no que é fundamental para o crescimento e desenvolvimento de uma criança. Portanto, sim, brincar é essencial, pois as brincadeiras promoverão experiências sobre a vida adulta e sobre o mundo que as cerca. É importante que você forme vínculos com seus pequenos sendo participativos, pois crianças desde idades tenras já percebem a importância que representam para o adulto. Assim, valerá muito investir no mínimo trinta minutos diários em atividades lúdicas com crianças. Garanto que o brincar sustenta o indivíduo e o ensina a crescer, favorecendo a passagem por todas as etapas de desenvolvimento físico, cognitivo, social e emocional as quais o sustentarão por toda a vida.

Os primeiros meses

A primeira infância é a fase que vai desde o nascimento até os seis anos. Logo, para a criança, as brincadeiras são extraordinárias aventuras: o faz de conta, a arte e os jogos exploratórios, como já descrito, fazem que esses pequeninos desenvolvam habilidades e amadureçam para a vida adulta.

Aqui encorajo você a entrar no mundo do imaginário e da fantasia de cada criança que o cerca, pois como são seres humanos em desenvolvimento, as crianças necessitam na maior parte das vezes serem assistidas.

O bebê, ao nascer, necessita de muitas horas de assistência e são nesses momentos de contato com mãe, pai ou tutor(a) que vão acontecendo as primeiras brincadeiras. É na troca das fraldas, no momento da amamentação, no banho ou em momentos esporádicos que o diálogo brincante do adulto vai transportando o pequeno cérebro a uma situação imaginária e sentida e, pode-se dizer, fantasiosa e construtiva. Tais ocasiões fazem que o bebê vá se desenvolvendo e a brincadeira pode acontecer de modo natural em qualquer momento na fala e nas brincadeiras, de início, unilateral da mãe, pai ou tutor(a) e, com o tempo, esse bebê começa a corresponder.

Que fala e brincadeiras seriam essas? Seriam a fala de gestos, de sorrisos, as brincadeiras de cheiros nos pezinhos, de massagem nos bracinhos, de beijinhos, carinhos sinceros. Os grunhidos fantasiosos que emitem sons vão surgindo e cada momento e se tornam únicos, assim, ambos (bebê e tutores) acabam usando da arte imaginária e brincante como um momento de crescimento terapêutico prazeroso, em que ambos aprendem. O bebê vai sendo encorajado a encontrar-se consigo mesmo e com o mundo.

A criança de um ano e meio

Com essa idade, a criança é mais ativa, surgem os primeiros passos, o início da linguagem. Ela leva objetos na boca com o intuito de descobrir como funciona, desafia com mais facilidade, engatinha rápido ou anda mais depressa, chama a atenção para si própria, aguardado que os tutores venham atrás e, quando isso acontece, se sente amada, importante, fazendo que as brincadeiras se tornem mais produtivas, usando mais da arte de criar e as cores fazem mais sentido.

> Nessa fase a criança brinca incessantemente com objetos e esse brincar leva ao grande descobrimento, sendo assim o anúncio da forma adulta de manifestar amor: entrar em alguém, receber a alguém dentro de si, unir-se e separar-se (ABERASTURY, 1992, p. 36).

Aqui sinta-se encorajado a usar de ações lúdicas, sujem-se, brinquem de maneira criativa com a alimentação, desenhem com os alimentos, seja bichinhos de cenoura, rostinhos no arroz com olhinhos de ervilha no pratinho, dentre tantas outras ações lúdicas imaginárias junto ao brincar. Sejam arteiros e artistas, faça parte do desenvolvimento dessas crianças.

A criança de dois anos e meio

Mais sociável, linguagem mais adaptada, demonstrando maior agilidade na coordenação motora grossa (pula, desce e sobe escadas, já pedala em triciclos), vai se tornando cada dia mais independente, dominando com maior facilidade o seu sistema motor e cognitivo. Essa fase é a das brincadeiras com massinhas de modelar, do criar juntando brinquedos, de correr no jardim ou pelos corredores da casa. Aqui se suja mais, a imaginação está no auge fazendo que o lúdico seja atraente e que ela sinta a necessidade de troca, tanto com o(a) tutor(a) como com outras crianças da mesma idade ou até mais velhas.

Portanto, te encorajo a brincar, correr junto, inventar e mostrar o mundo por meio de expressões artísticas aos pequeninos. Essa troca auxiliará a criança a se encontrar no mundo aprendendo, sendo um ser sociável e seguro emocionalmente, pois está aprendendo a se comunicar com os brinquedos, com as outras crianças e com os adultos ao redor.

A arte lúdica com as brincadeiras faz mais sentido, um simples juntar de blocos mágicos ou unir massinha de modelar criando um bonequinho tem efeito arteterapêutico para a criança que unifica naturalmente o prazer de brincar e de aprender a criar. Aos dois anos e meio ela corre, fala alto, grita, se esconde, volta e chama atenção para si. O brincar e a arte levam ao desenvolvimento do seu lado inventivo, abstrato, assim se torna capaz de simular cenários.

A criança de três anos e meio

Crianças nessa idade demonstram maior agilidade com as habilidades motoras finas (capacidade de usar os pequenos músculos, principalmente das mãos e pés), demonstram maior facilidade de manejar giz de cera, papel para fazer traços, criam imagens e associam a algo, seja a animais, pessoas ou personagens de desenhos animados; também pintam com maior facilidade, arriscam copiar imagens feitas pelo(a) tutor(a) na tentativa de desenhar com maior precisão.

As brincadeiras nessa fase começam a se apresentar mais elaboradas e exigirão maior criatividade dos(as) tutores(as) para se adaptarem a novas situações. No entanto, a criança de três anos e meio se envolve com a simplicidade. Você pode apresentar um recorte colorido, sugerindo uma colagem, pintura com os dedos, estimular o gosto por desenhar, por pintar ou até mesmo montagem de quebra-cabeça de poucas peças. A arte em meio às brincadeiras ajuda a desenvolver nos pequenos a agilidade e o equilíbrio.

Essa fase ainda é marcada pela idade dos "porquês", quando questionam tudo, o tempo todo, pois necessitam compreender o mundo ao seu redor para fazer parte dele. Portanto pais/tutores(as) brincantes têm como papel notar os avanços da criança e, assim, guiá-las a desenvolver ações futuras.

A criança de quatro anos

Compreendemos que o brincar lúdico com o artístico permite que crianças se conectem com o mundo ao redor. A idade de quatro anos nos mostra um cognitivo mais aguçado. A imaginação estará em alta, com a capacidade de criar imagens mentais. As brincadeiras se tornam mais expressivas, a criança está ampliando seus relacionamentos; já aceita com maior facilidade outras crianças no seu mundo, as brincadeiras se mostram mais ativas, juntam objetos criando numerosos cenários, conversam com seus brinquedos, o diálogo com os brinquedos e com os amiguinhos se torna mais expressivo. Se mostra mais apta a brincar com fantoches.

Nessa fase, você pode incentivar a arte do teatro, as brincadeiras com bonecos, com associação de palavras, assim como induzir a brincadeiras que desenvolvam maior autonomia, aceitação, trabalho em grupo, solidariedade, cooperação, respeito, dentre outras habilidades.

Tutores ativos são importantes nessa idade, pois a arte, o lúdico expresso nas brincadeiras, auxiliará na criação do emocional, relacional, intelectual e social da criança de quatro anos.

A criança de cinco e seis anos

Linguagem fluente com capacidade de vestir-se e despir-se sozinha, entrando na fase da alfabetização está a criança de cinco e seis anos. Nessa faixa etária, apresenta preferência por certas brincadeiras em que possa se expressar mais, fase de conhecimento maior de seu corpo, fase de pura disposição, na qual quer demonstrar todo o desempenho do seu sistema motor. As brincadeiras giram em torno das acrobacias, do correr, do dançar.

Sendo ótimas escolhas para pais/tutores(as) brincadeiras, tais como: jogo de mímica, tal brincadeira estimula a criança a usar dos gestos e da capacidade criadora. As brincadeiras de amarelinha e pular corda proporcionam para a criança o uso de todo sistema motor. Ela grita e solta risada divertida demonstrando estar feliz. O jogo do pega-varetas auxiliará os pais/tutores(as) a ensinar os ganhos e perdas em relacionamentos grupais. Embora as crianças ainda brinquem de modo independente, essa faixa etária é a que interagem com maior facilidade com outras crianças ou grupos de crianças. Essa interação grupal abrange a aprendizagem em áreas sociais e culturais, em que o grupo lúdico proporciona a cada criança assumir diferentes papéis.

Como nos relata Brites (2020, p. 70), "nos jogos coletivos, a criança tem a oportunidade de lidar com regras, esperar a vez e respeitar os limites do espaço do outro, o que exige que ela aprenda a controlar os próprios impulsos (autorregulação)". Um bom exemplo é observamos um grupo de crianças a brincar de esconde-esconde. Elas terão que assumir papéis, o que vai contar até certo tempo, os que vão se esconder, os que serão achados primeiro e que terão que escolher não entregar os demais que ainda não foram encontrados, os que terão que esperar mais uma rodada para assumir outro papel.

A ludicidade desempenhada por crianças de cinco e seis anos é extraordinária, de modo natural ou respondendo a estímulos de pais/tutores(as) fazem uso da arte, da imaginação, da fantasia e brincam agrupando com o intelecto e, assim, vão conquistando seu espaço pessoal no mundo.

Portanto, vemos que todo o período da primeira infância se torna riquíssimo quando ressaltamos a arte como terapêutica e o lúdico como espaço primordial no processo de desenvolvimento na primeira infância, que se mostra necessário. Afinal, a criança que brinca é criança que se desenvolve melhor socialmente, que aprende a nortear seus sentimentos e que amadurece as emoções e processos mentais, os quais usará por toda a vida.

Referências

ABERASTURY, A. *A criança e seus jogos*. 2. ed. Porto Alegre: Artmed, 1992.

BRITES, L. *Brincar é fundamental: como entender o neurodesenvolvimento e resgatar a importância do brincar durante a primeira infância*. São Paulo: Gente, 2020.

17

PAIS E FILHOS DIANTE DO ESPELHO
O IMPACTO DA PARENTALIDADE NA AUTOESTIMA

Toda criança precisa se sentir importante, pertencente à sua família, à escola, aos grupos. Essa é uma das necessidades básicas. E quando não é atendida, a **autoestima** fica prejudicada. Ela vai crescendo e formando crenças sobre si mesma, os outros e o mundo com base na interpretação de suas experiências de vida e assume, inconscientemente, comportamentos inadequados para assegurar a sua posição na família e se sentir pertencente. Por outro lado, o comportamento dos filhos provoca nos pais reações emocionais advindas da sua infância, formando também crenças equivocadas. Eles também se desconectam da sua essência quando não se cuidam, quando se culpam pelos fracassos dos filhos ou quando erram. São vozes internas que foram aprendidas e precisam ser ressignificadas. Ambos necessitam de encorajamento por lhes faltar autoestima saudável e habilidades de vida. Quando somos respeitosos e compassivos conosco e com os filhos, despertamos para um novo olhar sobre a educação.

SOLANGE BRÍGIDO

Solange Brígido
CRP 11/0665 / OPP 010475

Contatos
solangebrigido9@gmail.com
Instagram: @solangebrigido
+351 962 355 674 (Portugal)

Mãe do Breno, do Filipe e da Beatriz. Vive em Cascais/Portugal. Psicóloga graduada pela Universidade de Fortaleza (UNIFOR). Colunista da revista *O Brasileirinho*, em Portugal. Psicoterapeuta cognitivo-comportamental. Terapeuta de estimulação multissensorial e espaços snoezelen pelo Centro Terapêutico Snoezelen (Portugal) e Associação Espanhola Snoezelen(ISNA-Espanha). Pós-graduada em Distúrbios Específicos de Aprendizagem pela Associação Cearense de Dislexia (ACD) e Associação Brasileira de Psicopedagogia (ABP). Pós-graduada em Psicomotricidade pela Faculdade de Motricidade Humana de Lisboa em parceria com a Organização Internacional de Psicomotricidade e Relaxação (OIPR-Paris) e Instituto Superior de Reeducação Psicomotora (ISRP-Paris). Educadora Parental do programa Encorajando Pais® baseado no desenvolvimento do autoconhecimento e de competências sociais e de vida.

De onde nós tiramos a ideia absurda de que, para levar uma criança a agir melhor, antes precisamos fazê-la se sentir pior?
JANE NELSEN

O que faz uma pessoa ter crenças e sentimentos sobre si mesma de mais ou de menos valia, que se percebe como capaz, segura, feliz e autoconfiante, ou indesejável, não pertencente, feia, que não é boa o suficiente? E como isso atualmente influencia no seu comportamento e nas suas tomadas de decisões?

Estou me referindo a uma das competências socioemocionais essenciais para o desenvolvimento saudável seja da criança, adolescente ou adulto: a **autoestima**. Essa tem sido, cada vez mais, uma variável de estudo e pesquisas no campo da educação, psicologia, saúde e, mais recentemente, da neurociência.

A autoestima é um conjunto de percepções, pensamentos, avaliações, sentimentos e comportamentos dirigidos a si próprio. Ela se desenvolve a partir da interação com os pais, do modo como eles interagem com os filhos, como se comunicam, como lidam com suas próprias emoções e como os educam.

Isso me faz lembrar de uma situação peculiar e habitual na vida de muitas famílias. Quantas vezes nós, enquanto pais, comentamos algo indevidamente (sobre a aparência física ou sobre atos) dos nossos filhos na frente deles, com amigos e familiares, sem a consciência de que aquilo vai lhes causar um impacto profundo no seu autoconceito e autoestima? Isso já aconteceu com você? Às vezes, começa com uma brincadeira de um, e depois dá vazão a mais e mais e, de repente, o seu filho está na berlinda. E agora teremos que lidar com essas consequências. "Ah, bobagem, é só uma brincadeira!" E você, já ficou alguma vez na berlinda? Que emoção lhe trouxe? Como lidou com isso? A gente paga caro por essas "brincadeiras"! Se você já sentiu isso na pele, entende que esse modo de comunicação não é nada respeitoso.

Cada vez mais os pais vêm procurando ajuda, por se sentirem inseguros na sua missão de educar. Acreditam que já tentaram de tudo mas sem sucesso. Fui observando ao longo da prática clínica o modo como eles apresentavam as queixas dos filhos, num discurso muito categórico, carregado de reclamações, rótulos, chantagens, ameaças, barganhas, punições e recompensas.

Problemas como baixa autoestima, ansiedade, medo, tristeza, insônia, agressividade, mau comportamento, baixo rendimento escolar e outras demandas estavam relacionadas com a forma como os pais e cuidadores lidavam com esses desafios de comportamento das crianças e adolescentes e na forma como eles se desenvolviam. Por outro lado, vários conflitos, questionamentos e crenças disfuncionais vinham à tona por parte deles: "Faço tudo pelos meus filhos e eles não reconhecem."; "Onde foi que eu errei?"; "Não sou boa mãe!"; "Por que o meu filho é assim?"; "Puxou a quem?"; "Por que eu não me preparei mais?".

Isso foi o suficiente para perceber que os pais também necessitam de atenção e escuta amorosa. Eles carregam feridas emocionais da própria infância que, por sua vez, influenciam o seu modo de educar e precisam desenvolver essa consciência. Alguns pais se justificam, em um ciclo recorrente, dizendo: "Eu apanhei e sou normal"; "eu apanhei e sobrevivi. Foi merecido". Mas sobreviver é o bastante? Ninguém merece ser tratado com violência, negligência, desrespeito. O fato é que eles transmitem aos seus filhos as ferramentas que possuem, tentando acertar e dar o seu melhor mas, muitas vezes, são limitantes, não são respeitosas e, consequentemente, não promovem uma boa autoestima nos seus filhos. Reconhecer essa vulnerabilidade aumenta a confiança e conexão entre pais e filhos. E isso pode ser uma das experiências mais desafiadoras e gratificantes, afinal, quando você olha para dentro de si e entende as suas feridas, terá mais recursos e consciência para fazer melhores escolhas e, assim, ser mais eficiente no processo de educação de seus filhos. Faz parte do adulto aprender a acolher a sua criança interior.

Você já imaginou como seria diferente a sua forma de lidar com os desafios de comportamento do seu filho se, porventura, tivesse comprometido com o seu autoconhecimento?

Faço, então, um convite aos pais e educadores para, juntos, caminharmos nas reflexões que proponho a seguir, que podem mobilizar seus conteúdos internos, e que são necessários para que você se reconheça nesse processo. Tenho certeza de que isso vai ajudar a despertar um olhar mais amoroso e compassivo consigo mesmo. Isso aconteceu comigo, é libertador. Fez todo sentido e toda a diferença na minha atuação como mãe de três, educadora e profissional. Acredito que, para obtermos qualidade na relação com os nossos filhos e maior conexão com eles, temos que começar com esse movimento de dentro para fora e, assim, estabelecermos uma parceria em prol de um desenvolvimento mais saudável das crianças e adolescentes.

Maria é uma criança que nasceu encorajada como todo bebê, porém várias experiências ao longo da vida fizeram com que ela se desencorajasse. À medida que foi crescendo e observando o modo como os pais interagiam com ela, foi inconscientemente formando crenças sobre si mesma e sobre como movimentar-se na vida para corresponder às expectativas dos pais para se sentir aceita e amada. E, assim, foi desenvolvendo pensamentos do tipo "apenas se": "Serei amada apenas se for boazinha"; "Terei valor apenas se agradar aos outros"; "Serei inteligente apenas se tirar notas boas"; "Serei educada apenas se expressar emoções agradáveis".

Um dia, Maria apanhou do seu pai porque se portou mal. Ela não entendeu bem, só percebeu que doeu, e doeu emocionalmente, então começaram seus conflitos: "Por que o meu pai, que deveria me amar, está me batendo?". Então criou, em sua mente, duas possibilidades:1) "O meu pai é uma pessoa má e me odeia" ou 2) "Eu sou uma pessoa má, então a única proteção é acreditar que eu não mereço amor". Esse conjunto de crenças fez com que ela tivesse medo e vergonha de ser quem ela é na sua essência, causando impacto no desenvolvimento da sua autoestima. Ela precisa desenvolver habilidades sociais para resgatar a autenticidade, para reencontrar a sua coragem perdida.

O que a história de Maria revela sobre você ou sobre a realidade? Quais rótulos vocês, pais, receberam na infância e carregam até hoje na vida adulta? De que forma a educação que receberam tem afetado na educação que têm dado aos seus filhos? Quais explicações podemos ter do exemplo de Maria à luz da parentalidade encorajadora?

As crianças precisam ser encorajadas (incentivadas a agir com o coração), amadas e valorizadas, não controladas. E isso acontece quando deixamos de ver o nosso filho como o "problema". Não damos conta que o problema está na nossa lente, a qual precisamos ajustá-la para compreender a criança em sua complexidade e dentro de um contexto. Que ela não é má quando manifesta um comportamento indesejável. Isso é apenas a ponta do iceberg. Falta-lhe competências de vida. Há necessidades por trás que não foram atendidas. Esse é o verdadeiro foco: considerar esse momento desafiador como uma oportunidade de crescimento mútuo.

A Educação e Parentalidade Encorajadora traz esse novo olhar. Mais do que uma proposta de educação, é uma filosofia de vida baseada em respeito mútuo, cooperação e resolução de problemas. É com base no Programa Encorajando Pais que fundamenta o meu trabalho com o propósito em longo prazo de encorajá-los no processo de educação dos filhos para que eles enquanto líderes desenvolvam as suas habilidades, e auxiliem os filhos a desenvolverem competências sócioemocionais e autoestima saudável. É isso que os filhos precisam para se tornarem adultos confiantes, capazes, resilientes e respeitosos em sua família e sociedade. É maravilhoso saber que essa educação já é realidade de muitas famílias.

Espelho, espelho meu, mostre-me o meu verdadeiro eu

Segundo o médico e psicólogo Gabor Maté (2021), "todo ser humano tem um 'eu' verdadeiro e autêntico. E esse 'eu' nunca deve ser destruído". Ele considera que, para que um trauma aconteça, não precisa de privações que uma guerra traz, nem de racismo ou genocídio. Só precisa de pais que estão alienados dos próprios instintos, que deixam seus filhos chorarem sem um mínimo de acolhimento. Gabor Maté (2021) alerta: "O trauma é a desconexão com o seu 'eu' verdadeiro e a cura é a reconexão com ele". Ele ressalta que as crianças não se traumatizam porque viveram experiências negativas, mas porque ficaram sozinhas. Faltou acolhimento do adulto empático.

O que acontece se, para sobreviver ou se ajustar ao meio, você tiver que reprimir seus instintos, sua autenticidade? Já passou por isso? Gabor Maté (2021) explica que a criança tem duas necessidades fundamentais: a do apego – que está presente desde a infância e que é absoluta e não negociável – e a autenticidade – a conexão consigo mesma. Ao seguir o processo de desenvolvimento, é curioso observar que o bebê, quando nasce, é conectado com a sua essência, com sua autenticidade ("sou amado incondicionalmente"). À medida que cresce, vai formando percepções e crenças sobre como encontrar pertencimento na família, e o seu comportamento é baseado nessas percepções ("Sou amado condicionalmente"). Começa a interpretar o mundo para sobreviver a ele. A criança aprende que, para ter valor, tem que corresponder às expectativas dos adultos. Se um comportamento é repreendido, desenvolve a crença que só será amada e aceita se fizer determinados comportamentos. E, assim, vai formando crenças sobre si mesmo. ("eu me amo condicionalmente"). Por exemplo, quando se sente humilhada, começa a se subjugar: "Eu não mereço isso", "Faço tudo mal". Começa a construir narrativas da sua vida baseadas em um referencial externo, sobre o que ela é e sobre o que ela deve ser no mundo para ter um valor.

Abaixo, seguem algumas situações que põem à prova pais e filhos diante do espelho da autoestima. O que você pensa e sente quando analisa as seguintes situações de interação entre pais e filhos?

"Olha só, que bebê chorão"; "Que criancice! Já não tem idade pra isso. Para de mimimi"; "Engole o choro. Sei que está chorando só pra chamar atenção"; "Se você não parar de gritar, ficará de castigo ou levará umas boas palmadas"; "Ele tem um gênio, puxou o pai"; "Por que você não é igual a sua irmã, olha como ela é estudiosa e organizada"; "Chega! Minha paciência se esgotou, vá já pro quarto e só saia quando eu mandar"; "Eu sou sua mãe, tem que me obedecer"; "Nossa, como você é inteligente, só tira nota boa. Você enche a mãe de orgulho."; "A sua cama está sempre desarrumada, é mesmo um preguiçoso. Olha este monte de roupa jogada no chão! Pode já arrumar essa bagunça"; "Se não guardar os brinquedos agora, não vai ao parque".

O que essas situações têm em comum? O que tem a ver com a sua infância? Como você brincava com seus pais quando criança? Quem era mais carinhoso com você, o seu pai ou a sua mãe? Como seus pais reagiam quando você os desobedecia? E quando você fazia algo bom? Como o seu pai e a sua mãe descreviam você quando era criança? Quais decisões você acha que tomou sobre si mesmo e os outros por causa da forma como foi criado? Como é possível não repetir os erros da educação recebida com os seus filhos? Você já gritou com o seu filho ou deu-lhe uma palmada e pensou: "Estou agindo igual aos meus pais". O que você está decidindo sobre si mesmo quando vê essas situações? E a criança, o que imagina que ela está decidindo sobre si própria? Como imagina que essa criança será no futuro? Você acredita que seja o adulto que gostaria que o seu filho se tornasse um dia?

Realmente, o modo como criamos nossos filhos espelha quem somos. Pais e filhos diante do espelho é uma metáfora que eu desenvolvi sobre a autoestima para mostrar um olhar sob duas perspectivas: 1) pais e filhos enquanto indivíduos em uma relação consigo mesmos; 2) pais e filhos enquanto relação- o comportamento dos filhos na função de espelho das atitudes dos pais e o comportamento dos pais funcionando como espelho das decisões dos filhos.

As situações supracitadas têm a ver com estilos parentais e traduzem uma desconexão e microviolência que os pais viveram, sem a consciência de estarem repetindo os mesmos padrões nocivos que, para eles, já são normais. "Mas como assim violência? Eu nunca bati no meu filho". Eu entendo, mas quero que pense comigo que não é preciso agressões físicas para se considerar violência e gerar traumas. Os traumas também se manifestam pela fala e atitudes dos pais, bem como da (in)consciência, (in)consistência e (in)coerência (ausência dos 3 c's) que demonstram no ato de educar, podendo gerar, nas crianças, vários desafios de comportamento.

Ainda somos os mesmos e vivemos como nossos pais

A frase parafraseia um trecho da música *Como nossos pais,* do cantor e compositor brasileiro Belchior. Afinal, as experiências do passado moldam quem somos hoje?

Os estudos da neurociência revelam que o significado que os pais dão às suas experiências na infância têm um efeito profundo no modo como criam os seus filhos. O neurocientista e psiquiatra dr. Daniel Siegel (2020) acredita que, sem o autoconhecimento, há maior probabilidade da história se repetir, porque os padrões negativos de interações familiares são transmitidos ao longo de gerações. Como estão presos às suas questões do passado, sejam questões pendentes, traumas ou perdas irresolvidas, não conseguem acolher e olhar para as necessidades dos filhos. E você, será que escuta verdadeiramente o seu filho? Os pais precisam de encorajamento para entrar em contato com a própria vulnerabilidade, com amor e compaixão, para que possam se conectar com seus filhos. É necessário ressignificar a sua infância, olhar para si mesmo, honrar a sua história, acolher e curar as suas feridas da infância e questionar padrões. Em vez de dizer: "Filho, se não guardar os brinquedos agora, não vai ao parque", é mais saudável dizer: "Filho, você tem um minuto para brincar do jeito que quiser antes de guardar os brinquedos".

Embora nossos pais tenham feito o melhor possível diante das circunstâncias de cada época, hoje sabemos que as ferramentas educativas que eram utilizadas baseadas em punições, humilhações e recompensas, que visam apenas à obediência e resultado imediato, já não têm lugar na educação. Com o avanço da tecnologia e maior acesso a informações, cresce a necessidade dos pais se prepararem para educar: estudando, se aperfeiçoando e conhecendo a si mesmos para compreenderem os filhos e a realidade que os rodeia. O mundo mudou, e a forma como educamos nossos filhos também. A infância de hoje já tem um olhar diferente da infância de nossos pais e dos nossos ancestrais.

A Educação e Parentalidade Encorajadora® representa uma quebra de paradigmas, pois parte do princípio que a disciplina pode ser ensinada com firmeza e gentileza ao mesmo tempo, sem punição, castigo ou recompensa.

Ser gentil é ter respeito pela criança, e ser firme é ter respeito por nós mesmos e conforme a necessidade da situação. Um exemplo: "Filho, eu percebo que está com raiva e sinto muito por isso. Eu te amo e respeito seus sentimentos, mas não a maneira como está lidando com eles. Sempre que você me tratar com desrespeito, eu vou sair por um tempo e, quando estiver pronto, voltaremos a falar para encontrarmos soluções juntos".

O caso de Maria é um exemplo de uma criança desencorajada. Imagine como ela será na vida adulta! A sua dor é legítima. Falta-lhe autoestima, e isso virá com o sentimento de autoconfiança. Ela precisa ser encorajada para desenvolver suas habilidades e resgatar a melhor versão de si mesma.

O que as situações têm em comum são pais e cuidadores que assumem o poder e uma liderança manipuladora, advindas de uma educação tradicional, com base na obediência e na correção de comportamentos inadequados. Como não tivemos uma educação emocional, não aprendemos a lidar com as próprias emoções e, tampouco, as emoções dos outros. As emoções eram divididas em "boas" e "más", e essas últimas não eram permitidas sentir: "Menina bonita não chora". Muitos pais, hoje, não suportam o choro de seu filho e se desestruturam com isso porque nunca foram validados quando criança, pelo contrário. E é isso que gera tanta dificuldade em pôr em prática esse diferencial de educação, porque exige de nós esse olhar amplo para o mundo das emoções. Quero lhe dizer que é legítimo sentir, que toda emoção deve ser acolhida e ser vista como oportunidade de aproximação e conexão com seu filho. O investimento é a longo prazo. Confie. Muita paciência nessa hora.

Selecionei algumas dicas encorajadoras para que você possa apoiar o seu filho na formação de uma autoestima saudável a longo prazo:

1. Saiba diferenciar a ação do agente de ação: isso ajuda o seu filho a compreender que não é ele o indesejado, mas o seu comportamento.
2. Não compare a criança com irmãos, familiares ou amigos: cada criança é única e especial simplesmente por existir.
3. Escute com empatia: quando você se coloca no lugar do outro sem julgamento e compreende o seu ponto de vista, traz uma real conexão, fazendo com que pais sejam vistos pelos filhos como aliados.
4. Evite rótulos: é muito comum cometermos esse erro quando atribuímos características que limitam nosso filho como ser humano. E não falo só de críticas. Os elogios também são rótulos. Ambos são estigmas que definem quem você é, pondo-a numa caixa: "a preguiçosa", "a lenta", "a tímida", "a esquecida", "a geniosa", e a criança acaba por internalizar e agir como tal. E "a inteligente", "a boazinha"? É ilusão achar que eleva a autoestima. Sim, faz bem na hora, quem não gosta? Mas, depois, traz um peso brutal

sobre o filho, e ele fica dependente da aprovação externa para ter valor. Em vez de aprender a se autoavaliar, desenvolve estima baseada no outro.

5. **Incentive/encoraje em vez de elogiar:** enquanto, no elogio, o foco está na pessoa que foi elogiada, o incentivo está na atitude/esforço independente do resultado. Ela aprende a confiar na própria capacidade, mesmo sem aprovação dos outros.

6. **Evite castigos e punições:** o efeito a longo prazo é avassalador, pois só causa dor, vergonha e culpa. Não educa.

7. **Veja os erros como oportunidades de aprendizagem:** quando os pais transmitem aos filhos mensagens negativas sobre os erros, eles vão construir suas vidas baseadas no medo. Acabam vendo o erro como defeito de caráter e não como oportunidade de aprendizagem e de crescimento. O erro ensina e encoraja a criança a aceitar a sua própria imperfeição e a buscar outras formas de conseguir o que deseja, preservando a sua autoconfiança.

E você, enquanto pai, mãe ou cuidador, está tentando educar com respeito e se sente perdido(a) ou sozinho(a)? Tem consciência da dinâmica que existe no relacionamento com seu(s) filho(s) mas não consegue colocar em prática a educação encorajadora? Quero que saiba que todas as tentativas não são em vão. São depósitos que você vai fazendo no" tanque emocional" da sua família.

A mudança é um processo que vai melhorando continuamente.

Quando começamos a jornada fazendo esse acolhimento, sendo compassivos conosco, sem culpa, sem medo ou ansiedade, isso não apenas muda a nós mesmos, como muda as nossas crianças, adolescentes e a nossa sociedade.

Referências

MATÉ, G. *A sabedoria do trauma.* Direção/Produção: Maurizio Benazzo e Zaya Benazzo. EUA, Filmmakers, 2021.

NELSEN, J. *Disciplina Positiva.* 3. ed. Barueri: Manole, 2015.

SIEGEL, D. HARTZELL, M. *Parentalidade consciente: como o autoconhecimento nos ajuda a criar nossos filhos.* São Paulo: nVersos, 2020.

18

A ESCOLHA E O SUCESSO PROFISSIONAL COMEÇAM NA FAMÍLIA

Quando nasce um filho, nasce um sonho, mas também inquietações e incertezas por parte dos pais. Com a chegada da adolescência, surge a necessidade da escolha da profissão, que é vista pelos pais como essencial para o futuro do filho. Para o filho, no entanto, é um momento difícil, em que falta muita informação e existem muitas pressões.

VANDA VIEIRA DIAS DE SÁ LEMOS DE LIMA

Vanda Vieira Dias de Sá Lemos de Lima

Contatos
laboratoriodaaprendizagemvl@gmail.com
Instagram: @laboratoriodaaprendizagem
Facebook: laboratoriodaaprendizagem
+244 922 515051 (Angola)

Licenciada em Psicologia Educacional pela Universidade Lusófona de Humanidades e Tecnologias de Lisboa. Pós-graduada em Orientação Vocacional pela MDC. Pós-graduada em Psicologia Clínica e da Saúde pelo Criap. Especialista em Avaliação Psicológica Infantil pela MDC. Facilitadora do programa Educação Emocional Positiva. Facilitadora do programa Encorajando Pais®.

Escolher a profissão é refletir sobre o meu eu, as minhas escolhas nas atividades diárias favoritas, as minhas aptidões na escola, a minha comunicação com os amigos, o desporto que faz brilhar os meus olhos, o que estou sempre disposto a fazer, como me vejo no futuro, como olho para vida que tenho e, principalmente, como posso contribuir para este espaço onde vivo que se chama mundo.

Pensar na escolha da profissão é pensar no que me move em direção à felicidade, à realização, à alegria de poder sair e regressar para o mesmo espaço ou para um espaço diferente sabendo que realizei com o mesmo prazer a minha profissão.

A família e o poder de decisão

Enquanto pai ou mãe, o que tenho feito para influenciar o meu filho a exercer o poder de escolha? Sabemos que a família é o ponto de partida para todas as escolhas que o filho fará, já que o influencia com o que diz, o que não diz, o que faz e o que deixa de fazer. Somos referências para os nossos filhos pelas crenças, valores e princípios. Por isso as escolhas devem começar na infância, com pequenos desafios lançados pelos pais no sentido de proporcionar ao filho o poder de decisão (da roupa, do sapato, do lanche ou do museu a visitar) como forma de trabalhar a maturidade.

É essencial que, além dos filhos observarem a satisfação profissional, dos pais, possam também conversar sobre as peculiaridades das profissões. Afinal, não existirá relato mais importante e mais verdadeiro uma vez que o filho consegue perceber naturalmente como é que os pais vivem o dia a dia profissional pelo estado de espírito deles quando chegam à casa.

A parceria é um dos fatores promotores de sucesso na escolha da profissão. O filho confia no olhar dos pais e sente segurança quando lhe é permitido falar sobre o seu ponto de vista. Por isso é importante que possa, com o filho, explorar as áreas de interesse dele: o que é engenharia informática? Qual é a diferença entre engenharia informática e engenharia de sistemas? Qual é o objetivo de trabalho de cada uma? Que saídas profissionais têm esses cursos? Quais são as possíveis formações que poderão enriquecer essas profissões?

Outra atitude que promove o sucesso na escolha profissional é ajudar o filho a perceber que uma carreira é construída e desenvolvida ao longo da vida, que a escolha de um curso é o início e que podemos e devemos fazer quantas escolhas forem necessárias até atingirmos a satisfação pessoal que desejamos.

A escolha da profissão para o adolescente

Super (1953-1962) divide o processo de desenvolvimento profissional/vocacional em cinco etapas:

1. Crescimento (infância);
2. Exploração (adolescência);
3. Estabelecimento (idade adulta);
4. Permanência (maturidade);
5. Declínio (velhice).

Podemos perceber que a escolha profissional é antecedida por etapas de desenvolvimento que devem ser estimuladas a diferentes níveis pelos pais, meio ambiente e sociedade. Como pais, termos a percepção que todo e qualquer aprendizado e vivência podem impactar o processo da escolha e decisão da profissão do nosso filho é imprescindível.

A ansiedade face à escolha da profissão

De onde vem a ansiedade durante a fase da escolha da profissão? Vivemos em uma era em que valorizamos muito o hoje e o agora, na qual uma das grandes preocupações é o retorno financeiro e o status em detrimento do processo, da realização por meio de um caminho que envolve conhecimento, ganhos e perdas.

A escolha da profissão chega no momento da adolescência, em um momento de grandes mudanças biológicas, fisiológicas, sociais, mentais e de grandes descobertas mas também de grandes dúvidas e incertezas. A escolha da profissão mobiliza muitas mudanças para o adolescente e para a família. Ele percebe que tem de fazer uma escolha, que precisa de tomar uma decisão e que esta decisão poderá envolver rupturas familiares e sociais.

Avizinham-se mudanças na rotina dele, como: maior autonomia, autoconhecimento, responsabilidade, autocontrole, foco e determinação. A tomada de decisão na escolha da profissão é um processo complexo que envolve a área afetiva e social. O fato de o adolescente ser social permite que ele esteja envolvido em diferentes contextos que, de alguma forma, trarão opiniões diferentes e informações contraditórias. Por isso o acompanhamento familiar é de grande contributo no que concerne à análise da maturação do adolescente para essa decisão, bem como o incentivo de um comportamento exploratório ao nível do autoconhecimento e de informações referentes às áreas de interesse profissional, para que possa fazer uma escolha mais fundamentada possível.

Cada família carrega consigo diferentes padrões de comunicação e de interação, cada uma traz na sua bagagem formas próprias de gerir o seu lar, e é essencialmente na relação familiar que o adolescente poderá ter o apoio necessário ou a fonte de ansiedade. É nesse momento da vida que ele precisa de liberdade para questionar, duvidar, opinar, distanciar-se, errar e acertar com a certeza de que, enquanto pais, estaremos sempre de braços abertos para o acolher. É preciso estarmos preparados para as mudanças, para as diferentes etapas da vida do nosso filho e para viver o processo e permitirmos que ele viva o dele de maneira serena.

O olhar de um adolescente diante da escolha profissional

Uma vez, meu filho Guilherme Lima me disse: "Quando comecei o nono ano, sabia que teria de fazer uma escolha muito importante. Afinal de contas, é na transição do nono para o décimo que se escolhe a área profissional. E a minha escola tem quatro áreas científico-humanísticas: ciências e tecnologia (medicina e geologia), ciências e tecnologia (engenharia), ciências socioeconómicas (economia) e humanidades.

Na escola em que estudo, a Escola Portuguesa de Luanda, as psicólogas residentes (apenas duas, infelizmente, para cerca de dois mil alunos) trabalham com os alunos do nono ano para ajudá-los nessa escolha da área profissional, em um processo que muitas psicólogas ao redor do mundo reconhecerão como sendo a orientação vocacional.

No início do ano, nós (alunos do nono ano) preenchemos baterias de avaliação que serviram para ajudar a determinar os nossos interesses, os quais estariam relacionados com a nossa desejada área de atuação. Contudo, as baterias só nos foram entregues em abril, no final das sessões de orientação vocacional. As sessões acompanhadas da psicóloga (cada uma delas ficava com metade dos alunos) eram sempre em grupo e apenas uma vez por mês, o que fazia com que o acompanhamento fosse escasso em um sentido global, de tal forma que algumas vezes me esquecia das sessões.

Já em casa, acontecia algo quase oposto. Embora não tivesse "sessões" marcadas com a minha mãe (que é psicóloga) ou com os meus pais, fui encorajado por eles, pelas conversas que tínhamos, a inquirir sobre a temática. Falei com eles sobre praticamente tudo imaginável, desde salário, empregabilidade, tipos de formação até a importância da realização profissional e pessoal. Para além disso, eles encorajaram-me a escolher uma profissão que me fizesse feliz, e asseguraram-me de que apoiariam a minha escolha. E acredito neles. Afinal de contas, ouço-os falar muitas vezes sobre as suas profissões, e noto o quão felizes se sentem por desempenhar os seus respetivos papéis: a minha mãe como psicóloga educacional e o meu pai como engenheiro mecânico. Sei que desejam para mim o mesmo tipo de felicidade e realização profissional.

Em termos de interesses e aptidões, considero-me muito completo. Sou um leitor ávido, poeta eloquente e ilustrador. Vejo filmes e séries, principalmente aquelas com ação, aventura, humor e uma pitada de drama. Jogo videojogos, mais uma vez, de ação ou ação-aventura. Gosto de enigmas, puzzles, quebra-cabeças... tudo que me faça exercitar o cérebro. Ouço boa música e faço parte do coro da escola como um vocalista proeminente. Não acompanho nenhum desporto porque penso que neles gastaria muito tempo sem grande proveito (posso apenas ver o resultado), especialmente porque prefiro investir em coisas relacionadas às artes: sou um fã de ironia, histórias comoventes e pensamentos profundos. Contudo, pratico futebol e natação; para além de saber jogar voleibol, basquetebol, handebol e rugby (embora não tão bem). Em termos acadêmicos, sou um dos melhores alunos do meu ano. Tal como tenho sido desde sempre. Desde que entrei na escola, a classificação qualitativa que tenho é muito boa em grande parte das disciplinas, com destaque para geografia, matemática, história, português, francês e inglês (sou fluente como se fosse a minha língua materna).

Demonstro organização, forte pensamento crítico, forte capacidade de argumentação e facilidade em comunicar, especialmente para expor ideias e opiniões. Sempre quis ser **escritor**, ou **poeta**. Creio que podem (ou espero que possam) observar a minha eloquência neste texto, como sendo exemplo do meu dom com as palavras. Contudo, ao 'despertar para a realidade' do que é o mercado de trabalho, percebi que esta profissão é de muito risco e incerteza, e em grande parte de dificuldades financeiras. Afinal de contas, de nada vale ser o poeta mais capaz do mundo se a sua obra não é reconhecida pela maioria ou, pelo menos, por um número de pessoas que seja significativo. Um exemplo é Luís Vaz de Camões, possivelmente o mais celebrado poeta português, hoje uma das maiores referências em nível literário, que morreu pobre. A sua obra foi reconhecida e galardoada *post mortem*. De que lhe valeu isso?

Mais tarde quis escolher **advocacia**. Comecei a ver uma série, *Suits*, na Netflix. Ver os protagonistas, advogados em uma poderosa firma de Nova Iorque, exercerem a sua profissão com destreza e perícia inspirou-me a fazer o mesmo. Vi-os a tomarem rédeas das situações pelas quais passavam, e penso até hoje que uma das formas de obter sucesso profissional em um meio corporativo é agarrar a vida com as nossas mãos e mudar o rumo das coisas, em vez de reagir a escolhas tomadas por outros. Para além disso, vi como a lei nem sempre é clara e justa. Antes pelo contrário. Como tudo produzido pelo homem, é imperfeita. Existem zonas cinzentas em termos de moralidade, entre o certo e o errado, onde a ação a ser tomada depende drasticamente de opinião e circunstâncias. Em *Suits*, vi repetidamente os protagonistas moldarem essa zona cinzenta a seu favor, decidindo o certo e o errado baseado no que sabiam ser a verdade. E pensei, e ainda penso, que se optar por uma carreira em Direito posso usar isso como ferramenta para defender os indefesos, dar voz aos mudos e usar a lei para fazer o que é correto.

Durante um curto tempo, também pensei em ser **engenheiro aeronáutico** ou **piloto**, inspirado sem dúvida alguma no *Top Gun* (ou *Ases Indomáveis*). Pilotar um avião pelo céu ou manobrar um caça à velocidade do som foram ideias que puxaram pela minha vontade de explorar um elemento desconhecido: o ar. Contudo, com a ajuda dos meus pais, percebi que não é um emprego ideal. Os pilotos costumam ficar longe da família (e a família é algo que priorizo), para além de nem sempre haver emprego disponível porque as companhias aéreas costumam manter os mesmos profissionais durante anos, o que reduz a rotação de pessoal e significa que há menos empregabilidade. Para além disso, cada vez mais há maior automatização de serviços. Já há carros que se conduzem sozinhos, e lojas onde não são necessários funcionários na caixa. Quando eu acabar a faculdade, pode ser que existam voos automatizados, em que o piloto ou copiloto possa ser apenas uma medida de segurança adicional.

E finalmente, penso em trabalhar no **ramo econômico.** Com uma facilidade para a matemática e um interesse no modo como o dinheiro move o mundo, creio de momento que as ciências socioeconômicas sejam o meu futuro. Afinal de contas, tenho uma noção aproximada de como funciona a bolsa de valores, conheço a lei da procura e oferta, e tentar decodificar a forma como o dinheiro viaja é para mim como um *puzzle* gigante. Entender conceitos como lucro, taxas, inflação, bem como o crescimento econômico são coisas que serão essenciais para saber como o mundo funciona na sua globalidade. E penso que a economia, enquanto estudo, ajudar-me-á não só a ter emprego mas também a ser uma pessoa mais culta e informada."

O olhar de um pré-adolescente face à escolha profissional

"Quando eu crescer, quero ser jogador de basquetebol porque é o meu esporte preferido e uma das minhas maiores paixões. A minha família vê esta minha escolha como uma oportunidade de eu ser feliz, fazer o que gosto e realizar os meus sonhos. Eles costumam ajudar/contribuir opinando, apoiando, motivando e ajudando-me a manter o foco.

Dentro do que é ser jogador de basquete, eu pretendo especificamente ser jogador da NBA (*National Basketball Association*) e estou disposto a dedicar o meu tempo e esforço para consegui-lo. Infelizmente, a minha escola não incentiva nem motiva os alunos, mas felizmente tenho esse incentivo em casa" (LIMA, HUGO, estudante do 6º ano, 2022).

Precisamos entender que uma decisão envolve maturação, pensamentos, dúvidas, incertezas, valores, conhecimentos e outras questões e que, por isso, é uma tarefa a ser pensada e repensada.

Um adolescente que vive em um ambiente familiar e social coberto de estímulos positivos e outro, que é privado de desenvolver as habilidades e aptidões poderão ou não ter as mesmas dificuldades de fazer uma escolha profissional assertiva.

A família precisa demonstrar por palavras e ações que, independentemente da escolha profissional que o filho fará, estará presente para transmitir apoio incondicional.

Referências

BRITES, L. *Brincar é fundamental: como entender o neurodesenvolvimento e resgatar a importância do brincar durante a primeira infância*. São Paulo: Gente, 2020.

GIACAGLIA, L. R. A. *Atividades para orientação vocacional: potencializando uma aprendizagem significativa*. São Paulo: Cengage, 2000.

MACHADO, A.; ELIAS, M. F. *Cérebro e afectividade*. Rio de Janeiro: Wak Editora, 2021.

NELSEN, J. *Disciplina positiva para adolescentes: uma abordagem gentil e firme na educação dos filhos*. Barueri: Manole, 2019.